PUERPERIOS

Y OTRAS EXPLORACIONES DEL ALMA FEMENINA

Gutman, Laura
Puerperios y otras exploraciones del alma femenina. – 1a ed. –
Buenos Aires: Del Nuevo Extremo, 2004.
272 p. ; 22.5x15.5 cm.

ISBN 987-1068-59-X

1. Puerperios y otras exploraciones del alma femenina I. Título
CDD 649.102 42

DIRECTOR EDITORIAL
Miguel Lambré

IMAGEN EDITORIAL
Marta Cánovas

COORDINACIÓN DE EDICIÓN
Tomás Lambré

DISEÑO DE TAPA E INTERIOR
Estudio Kogan

CORRECCIÓN
Mónica Ploese

PRIMERA EDICIÓN
septiembre 2004

ISBN: 987-1068-59-X

DERECHOS EXCLUSIVOS DE PUBLICACIÓN Y DISTRIBUCIÓN
Editorial Del Nuevo Extremo S.A.
Juncal 4651 C1425BAE Buenos Aires, Argentina
Tel / Fax: (54-11) 4773-3228
e-mail: editorial@delnuevoextremo.com
www.delnuevoextremo.com

Laura Gutman

PUERPERIOS

Y OTRAS EXPLORACIONES DEL ALMA FEMENINA

DEL NUEVO EXTREMO

Dedico este libro a mis hijos:
Micaël, Maïara y Gaia

Agradecimientos

Este libro fue escrito robando momentos de ocio, que para mí son prioritariamente tiempos de pareja. Por eso agradezco en primer lugar a mi marido, Leonardo Szames, que cedió espacios personales comprendiendo mi pasión por el trabajo.

En segundo lugar, agradezco a todas las mujeres y todos los varones que han puesto su alma en mi consultorio, derramando confianza y entrega. Espero que dentro de un agradecimiento general, sepan reconocer mi más profunda gratitud.

Índice

Prólogo

En los umbrales del siglo XXI, la maternidad y las actividades intrahogareñas parecen haberse constituido en obstáculos para la realización personal. Las mujeres estamos cada vez más dispuestas a abandonar el mundo íntimo para lanzarnos al mundo público y "ser alguien reconocido". Pero un buen día nos pasa a las mujeres hiperactivas que –sin darnos cuenta– nace un primer hijo. O un segundo o un tercero. Y comprendemos que "lo público" es materialmente visible, pero en medio de un dolor de panza del bebé, esa identidad desaparece junto con el sentido profundo que tenía hasta entonces.

A través de estas páginas pretendo acercar las vivencias genuinas, primitivas e innombrables del Universo insondable de cada madre reciente. Experiencias confusas, incomprensibles, exageradas, locas, pero terriblemente reales que nos sujetan a la oscuridad de la noche con el niño en brazos. Mientras el mundo entero duerme, permanecemos despiertas, solas, desgarradas, chorreantes de sangre y de leche. Es tanto el dolor y la soledad, que anhelamos con ambivalencia retornar a la vorágine de actividad, de ruido y de éxito... hacinándonos en un colectivo repleto, corriendo a una oficina atestada de olor a cigarrillos o calzándonos una ropa ajustada y sensual. Aún así, sabemos que estamos atrapadas entre las almohadas, con la ropa manchada de vómitos y un cansancio infinito.

Sin embargo, averiguar de dónde venimos y sospechar hacia dónde vamos, hablar sin tapujos sobre lo que nos pasa de verdad, bucear en nuestras capacidades intuitivas rescatando lo esencial del mundo femenino, integrar el adentro con el afuera... nos puede servir para tratarnos un poco mejor y, por ende, tratar mejor al niño que llega al mundo.

Es mi deseo que cada mujer que deviene madre, camine su propio laberinto interior y vaya encontrando su verdadera naturaleza, su propia música y sus propios instrumentos. Aunque también me gustaría hacerles saber que en esta orquesta, estamos todas.

Parte 1

La maternidad como crisis vital

Capítulo 1 - El puerperio

El puerperio. Aparecen cuatro fenómenos desconcertantes. Uno: El brutal encuentro con la propia sombra. ¿Y la sombra dónde está? El "yin" y el "yang". Dos: La fusión emocional mamá-bebé. Tres: La madre interior que nos habita. Cuatro: El fenómeno "unión vida-muerte" (puerperio y duelo).

El puerperio

Vamos a considerar el **puerperio** como el período transitado **entre el nacimiento del bebé y los dos primeros años**, aunque emocionalmente haya una progresión evidente entre el caos de los primeros días –en medio de un llanto desesperado– y la capacidad de salir al mundo con un bebé a cuestas.

Para intentar sumergirnos en los vericuetos energéticos, emocionales y psicológicos del **puerperio**, creo necesario reconsiderar **la duración real de este tránsito**. Me refiero al hecho de que **los famosos cuarenta días** estipulados –ya no sabemos por quién ni para quién– tienen que ver sólo con una histórica veda moral para salvar a la parturienta del reclamo sexual del varón. Pero ese tiempo cronológico no significa psicológicamente un comienzo ni un final de nada.

En el presente capítulo haré hincapié en la falta de pensamiento sobre el nacimiento y el parto tal como los atravesamos hoy en día las mujeres. Me refiero al nacimiento industrializado, vivido tanto desde el lugar de la parturienta como desde el lugar del bebé: ambos manipulados, cortados, separados, pinchados, abandonados, violentados, medicados, anestesiados, monitoreados, vigilados y filmados. Constituyendo un eslabón más dentro de la cadena de rutinas pseudocientíficas y con cierto grado de seguridad funcional. Incluso si la vivencia de la mujer es positiva o exitosa, creo que falta un pensamiento genuino sobre el "sí mismo femenino" en la situación de parto, lactancia, crianza y maternaje en general.

Mi intención, por lo tanto, es desarrollar una reflexión sobre el puerperio basándonos en situaciones que a veces **no son ni tan físicas, ni tan visibles, ni tan concretas, pero no por eso son menos reales**. Vamos a hablar, en definitiva, de lo invisible, del submundo femenino, de lo oculto. De lo que está más allá de nuestro control, más allá de la razón para la mente lógica. Intentaremos acercarnos a la esencia del lugar donde no hay fronteras, donde comienza el terreno de lo místico, del misterio, de la inspiración y la superación del ego. Para hablar del puerperio, tendremos que inventar palabras, u otorgarles un significado trascendental.

Para quienes ya lo hemos transitado hace tiempo, nos da pereza volver a recordar ese sitio tan desprestigiado, con reminiscencias a tristeza, ahogo y desencanto. Recordar el puerperio equivale, frecuentemente, a reordenar las imágenes de un período confuso y sufriente, que engloba las ilusiones, el parto tal como fue y no como una hubiera querido que fuera, dolores y soledades, angustias y desesperanzas, el fin de la inocencia y el inicio de algo que duele traer otra vez a la conciencia.

Para comenzar a armar el **"rompecabezas del puerperio"**, es indispensable tener en cuenta que el punto de partida es "el parto", es decir, la primera gran "desestructuración emocional". Como lo he descrito en el libro *La maternidad y el encuentro con la propia sombra*, para que se produzca el parto necesitamos que el cuerpo físico de la madre se abra para dejar pasar el cuerpo del bebé permitiendo un cierto "rompimiento". Esta "fisura" corporal también se realiza en un plano más sutil, que corresponde a nuestra estructura emocional. Hay un "algo" que se quiebra, que se instala como grieta física y etérea al mismo tiempo y que permite pasar de ser "uno" a ser "dos".

Es una pena que atravesemos la mayoría de los partos con muy poca conciencia con respecto a este "rompimiento físico y emocional". Ya que el parto es sobre todo un corte, un quiebre, una grieta, una apertura forzada, igual que la irrupción de un volcán que gime desde las entrañas y que al despedir sus partes profundas destruye necesariamente la aparente solidez, creando una estructura en principio caótica y desenfrenada.

Después de la "irrupción del volcán" (el parto) las mujeres nos encontramos con el tesoro escondido (un hijo en brazos) y, además, con insólitas piedras que se desprenden como bolas de fuego (nuestros "pedacitos emocionales" o nuestras partes desconocidas) rodando hacia el infinito, ardiendo en fuego y temiendo destruir todo lo que rozamos. Los "pedacitos emocionales" van quemando lo que encuentran a su paso. Miramos azoradas sin poder creer la potencia de todo lo que vibra en nuestro interior. Incendiando y cayendo al precipicio, suelen manifestarse en el cuerpo del bebé (como una llanura de pasto húmedo abierta y receptora). Son nuestras emociones ocultas que despliegan sus alas en el cuerpo del bebé rozagante y disponible.

Como un verdadero volcán, nuestro fuego rueda por los valles receptores. **Es la sombra, expulsada del cuerpo.**

Atravesar un parto es prepararse para la erupción del volcán interno, y esa experiencia es tan avasallante que requiere de mucha preparación emocional, apoyo, acompañamiento, amor, comprensión y coraje por parte de la mujer y de quienes pretenden asistirla.

Sin embargo, pocas veces las mujeres encontramos el acompañamiento necesario para introducirnos luego en esa herida sangrante, aprovechando este momento como punto de partida para conocer nuestra verdadera estructura emocional (en general bastante maltrecha, por cierto) y decidir qué haremos con ella.

El hecho es que –con conciencia o sin ella, despiertas o dormidas, bien acompañadas o solas, incineradas o a salvo– el nacimiento se produce.

Esta experiencia puede traer consigo cambios en el estilo de vida, alteraciones precipitadas de la conciencia y destellos de intuición. Se abre un canal a través del cual fluyen fuerzas poderosas, aunque resulten innombrables para la mujer que las percibe. Si lo permitimos, puede aparecer lo anticonvencional, la animalidad, lo primitivo o lo inesperado.

Hay mujeres que se iluminan, en la medida en que no censuren la propia potencia arrolladora. Todo parto permite un instante de iluminación, aunque pocas mujeres logran aprovechar la potencia de dicha experiencia.

Hoy en día, a pesar de tanta radiación numinosa, socialmente consideramos el parto y el posparto como una situación a atravesar, que incluye cierta manipulación, anestesia para que la parturienta no sea un obstáculo, drogas que permitan decidir cuándo y cómo programar la operación, mediante la cual un equipo de profesionales, que trabaje coordinado, pueda sacar al bebé corporalmente sano y felicitarse por el triunfo de la ciencia. Esta modalidad está tan arraigada en nuestra forma de pensar, que las mujeres ni siquiera nos cuestionamos si fuimos actrices de nuestro parto o meras espectadoras. Si fue un acto íntimo, vivido desde la más profunda animalidad o si cumplimos con lo que se esperaba de nosotras. Si pudimos transpirar al calor de nuestras llamas o si fuimos retiradas de la escena personal antes de tiempo.

Porque en la medida que atravesemos situaciones esenciales de rompimiento espiritual sin conciencia, anestesiadas, dormidas, infantilizadas y asustadas... quedaremos sin herramientas emocionales para rearmar nuestros "pedacitos en llamas", obstaculizando la experiencia para que el parto sea un verdadero pasaje del alma. Frecuentemente, **así iniciamos el puerperio: alejadas de nuestra conciencia.**

Aparecen cuatro fenómenos desconcertantes

Inmediatamente después del parto, además del bebé que aúlla, las amables visitas que traen flores y el dolor de las heridas, aparecen cuatro fenómenos que describiremos a continuación:

Uno: El brutal encuentro con la propia sombra.

Dos: La fusión emocional mamá-bebé.

Tres: La madre interior que nos habita.

Cuatro: El fenómeno "unión vida-muerte"(puerperio y duelo).

Uno: El brutal encuentro con la propia sombra

"Sombra" es un término que utilizó C. G. Jung y que a mí me resulta gráficamente sencillo para transmitir la dimensión de lo inabarcable. Las personas más familiarizadas con el mundo "psi" pueden relacionar el concepto de "sombra" con "inconsciente", aunque Jung intenta ser más abarcativo, tomando en cuenta el mundo psíquico, pero también el mundo espiritual. La **sombra** es todo lo que hemos relegado de nuestra conciencia. Lo que pertenece a nuestro mundo energético, pero no reconocemos como propio.

Todos nos esforzamos por ocultar aquellas cualidades que no contribuyen a nuestra autoestima, es decir, las que nos avergüenzan y nos hacen sentir miserables. Me refiero a esos sentimientos que nos incomodan, como el odio, la ira, la avaricia, el miedo, la agresividad o la pereza; que al no querer reconocerlos como propios, los rechazamos inconscientemente. Así van creando una vida propia, bajo la superficie de lo visible. Al igual que las experiencias dolorosas, los deseos no realizados, los temores, las experiencias traumáticas, los abandonos, las necesidades insatisfechas, los pensamientos desechados por inútiles o por improbables... van tejiendo un entramado que, desde la altura de nuestra conciencia, nos resulta molesto reconocer como propio. Por ejemplo, cuando una madre siente rechazo por su hijo y se avergüenza de ese sentimiento, es la sombra que aparece (ya que la propia moral le impide reconocer que hay una parte de sí misma que efectivamente rechaza al niño). La **sombra** es el rincón de nosotros mismos que nos resulta impresentable.

La **sombra** se manifiesta de manera oculta o indirecta. Siempre está atenta a las pequeñas "rajaduras del alma" para filtrarse como la humedad y aparecer en los lugares y los momentos menos adecuados. Nunca está invitada a la fiesta y, sin embargo, aparece, tropezándose en la pista de baile con una bandeja de sandwiches de miga... Es molesta, torpe, maleducada y hace muecas desde los personajes "enemigos". El trabajo de los seres humanos es aprender a identificarla, estando alertas a todas nuestras señales, para luego poder amarla e invitarla a aproximarse a la conciencia. De esta manera, seremos cada vez más **protagonistas de nuestro destino**, en lugar de **víctimas del destino**.

Para trabajar a favor del encuentro con la propia sombra se requiere una energía inmensamente femenina (los varones no están excluidos de esta tarea), ya que opera desde los mundos ocultos, lentos, sombríos e invisibles. Tenemos que acostumbrarnos a brillar un poco menos y acomodarnos a la oscuridad. Permitirnos no estar seguros de nada, caminar como ciegos en un laberinto, reconocer las fantasías más terroríficas, sumergirnos en el dolor y en los pensamientos infelices.

Permanecer en contacto con la propia **sombra** nos amplía la conciencia. Cuando estamos dispuestos a mirar nuestras partes oscuras, dejamos de culpabilizar a los demás, nos volvemos más responsables, abrimos nuestro corazón y aprendemos que es mucho más lo que no comprendemos que lo que intentamos dilucidar.

Ahora bien, ¿qué tiene que ver la **sombra** con el nacimiento de un hijo?

Anteriormente describíamos la metáfora del volcán en llamas, abriendo y resquebrajando su cuerpo, dejando al descubierto la lava y las piedras. Análogamente, del vientre materno, surge el bebé real, y también **el interior desconocido** de esa mamá, que aprovecha el rompimiento para colarse por las grietas que quedaron abiertas. Esos aspectos ocultos encuentran una oportunidad para salir del refugio. La **sombra** (es decir, cualquier aspecto vital que cada mujer no reconoce como propio, a causa del dolor, el desconocimiento o el temor) utiliza esa "fisura" para salir de su escondite y presentarse triunfante en la superficie.

El problema para la mamá reciente es que se encuentra **simultáneamente** con el bebé real que llora, demanda, mama, se queja y no duerme... y, al mismo tiempo, con su propia **sombra** (desconocida por definición), inabarcable e indefinible.

Pero, concretamente, ¿con qué aspectos de su **sombra** se encuentra? La dificultad para responder es que cada ser humano tiene su personalísima historia y obstáculos a recorrer, y sólo podemos considerarlos individualmente. Desarrollaremos algunos ejemplos en capítulos posteriores.

Y la sombra ¿dónde está? El "yin" y el "yang"

Este gráfico ya conocido por todos, simboliza "el todo". En Oriente representa la "totalidad" dividida en dos polos contrapuestos y complementarios, nombrados como el "yin" y el "yang". El "yin", que es el principio femenino, simbolizado por el color negro, acoge dentro de sí una pequeña parte de "yang". Asimismo, el "yang", el principio masculino, simbolizado por el color rojo, acoge dentro de sí una pequeña parte de "yin". Es decir, todo polo incluye a su "opuesto".

Los seres humanos, para comprender "el todo", para discernir, necesitamos dividir en dos polos. A falta de palabras en nuestra cultura occidental que den cuenta de la ley de polaridad, utilizaremos el "yin" y el "yang" para referirnos a las fuerzas complementarias.

Si trazáramos un "horizonte imaginario", podríamos ubicar "arriba" y "abajo", como diferentes aspectos de dichas fuerzas.

Yang - masculino - brillante - concreto - consciente - luz - recto - activo - rojo - salado - Marte - Sol - pensamiento - animal - duro - fuego

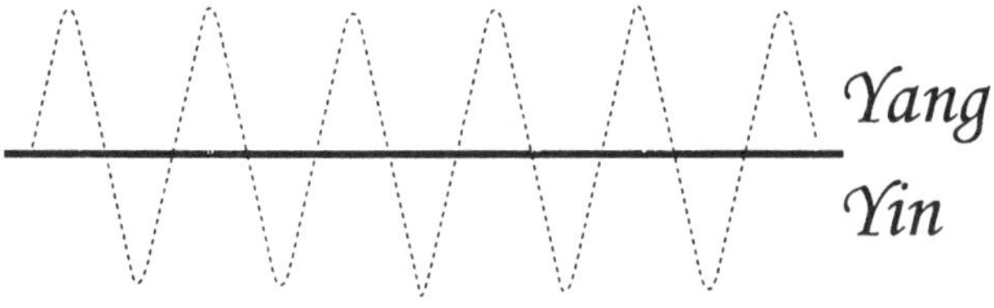

Yin - femenino - opaco - sutil - inconsciente - sombra - curvo - pasivo - azul - dulce - Venus - Luna - sentimiento - vegetal - blando - agua

A todo lo que se ubica por arriba de la línea del horizonte, lo que es visible, vamos a llamarlo "realidad consciente", es decir, lo que conocemos de nosotros mismos. Y por debajo de la línea del horizonte, a lo que nos resulta invisible, vamos a llamarlo "realidad no consciente". O "sombra". Luz y sombra. Activo y pasivo. Masculino y femenino. "Yang" y "yin".

En nuestra cultura occidental, nos identificamos familiarmente con el mundo "yang": todo lo concreto, físico y materialmente demostrable creemos comprenderlo. También lo relacionado a la acción, el impulso, los resultados palpables, lo científicamente indiscutible y los pensamientos intelectuales encuentran en nosotros, hombres y mujeres, un terreno allanado por la costumbre y la estructura de nuestras creencias. En cambio, estamos menos acostumbrados a lidiar con lo que no se ve, como la intuición, el mundo onírico o la magia.

Ahora bien, hemos dicho que el parto se asemeja a un inmenso quiebre, como un volcán que despide violentamente su interior. Todo aquello que residía en la **sombra**, es decir, que permanecía oculto –visto desde la cima de la montaña–, aparece sorpresivamente desde las profundidades del océano y se cuela a través de los poros abiertos del horizonte. Irrumpe lo desconocido, lo inconsciente, la memoria, el pasado y los sentimientos relegados. Durante el parto se rompe el cuerpo físico y, al mismo tiempo, se quiebra el cuerpo sutil.

A través de las grietas brota desordenadamente la **sombra**. Por supuesto, el desconcierto es total, ya que la **sombra**, por definición, no la "veíamos".

El puerperio es exactamente eso: el brutal encuentro con las partes desconocidas de una misma, sumadas a la extrema sensibilidad y dolor causados por el quiebre.

De hecho, después de un parto, invariablemente las mujeres lloramos desconsoladas preguntándonos: "¿quién soy?", "¿qué me pasa?" y "¿qué he hecho yo para merecer esto?". La certeza de haber enloquecido para siempre es mayor en la medida en que anteriormente nos hayamos identificado férreamente con los aspectos más "yang" de nuestra personalidad. Esto es especialmente cierto en las mujeres ordenadas, activas, cumplidoras, puntuales, exitosas y pensantes.

Para colmo, siguiendo las reglas del orden intelectual, en la medida que hayamos "previsto" con anticipación –pero desde lo consciente, lo racional y lo masculino– el funcionamiento del futuro vínculo con el hipotético bebé, el desconcierto es francamente aterrador. Sobre todo en los casos en que participamos seriamente en una preparación racional para el parto, seguimos puntillosamente todos los ejercicios, el parto en sí resultó medianamente satisfactorio y todo hacía suponer que la presencia del bebé continuaría con un desarrollo previsible...

Quiero recalcar que lo único que no habíamos previsto era el encuentro con las partes desconocidas de nosotras mismas, ¡justamente porque nadie puede prepararse para lo desconocido!

Al desmoronarse el orden previsto y al constatar que lo que nos sucede no coincide con lo anteriormente esperado, aparecen la confusión, la angustia, las ganas de llorar y una sola certeza: nos hemos vuelto locas.

Lo que complica aún más la situación es el convencimiento personal de que necesitamos hacer un esfuerzo para colocarnos nuevamente por encima del horizonte, es decir, creemos que debemos volver a funcionar en el "yang", en el lugar visible y reconocido donde desarrollábamos nuestra identidad. Allí transcurría nuestra vida antes del quiebre y estamos desesperadas por regresar.

Lo que aún no hemos comprendido es que el precio a pagar para sostenernos en el mundo concreto es demasiado caro. Hacemos esfuerzos titánicos para escapar de casa, para huir a algún lugar de reconocimiento social, para calzarnos los pantalones ajustados y "funcionar normalmente". Remando a duras penas por encima del horizonte, tratamos de no reconocer que el océano intenta tragarnos, que las sirenas nos hacen señas y nos invitan a un viaje a la vez dulce y aterrador. Se produce una succión celestial **hacia el interior de nosotras mismas**. De pronto, hay destellos de imágenes del pasado, recuerdos de olores, sensaciones corporales que nos retrotraen a una **infancia anterior a la infancia** que solemos evocar.

Estos estados que llamaremos **"alterados de conciencia"**, se caracterizan por los cambios de percepción incluyendo todo el espectro sensorial. Las emociones son intensas, insólitas, con transformaciones en los procesos de pensamiento. Podemos estar desbordadas de imágenes vívidas de nuestra historia personal o pertenecientes al Universo, del que hemos perdido los bordes. La conciencia se ve modificada experimentando sensaciones abrumadoras, sin perder el control de la realidad cotidiana. Justamente, durante el puerperio se pueden vivenciar dos realidades emocionales en simultáneo. Es posible pasar de la "paz celestial" al "terror y la desesperación", incluso con sensaciones físicas que avalan estas sensaciones. Dichas experiencias son independientes de la formación intelectual previa, de la ideología o la madurez emocional con la que hayamos llegado a la maternidad. En todos los casos, si estamos dispuestas a reconocerlo, se trata de experiencias de apertura espiritual, difíciles de "nombrar" desde el "yang", ya que no hay palabras que den cuenta de estas vivencias que –por sus extrañas características– tildamos de "locuras".

Llegadas a este punto, el vértigo es tal, que las mujeres solemos distraernos de las señales que gesticula nuestra **sombra**, intentamos ocultar los demonios que forcejean para liberarse de las aguas pantanosas. Preferimos mantenernos en la ilusión de sobrevolar el horizonte, allí donde éramos tan reconocidamente felices.

Insisto en que el puerperio es el período donde el brutal encuentro con la propia sombra es indefectible, sorpresivo y precipitado.

Dicho esto, creo que vale la pena prepararse para este proceso. **Prepararse en el sentido de estar bien dispuesta para un verdadero encuentro.** Con este criterio, los profesionales de la salud, la educación y la comunicación, en fin, todos los profesionales que tenemos la ocasión de trabajar con mujeres, con familias o con niños muy pequeños, tenemos como principal tarea **acompañar, traducir** y, por sobre todo, **ofrecer recursos para privilegiar este encuentro**. Algo así como hacer un curso de **"salvataje en alta mar"** en caso

de huracanes; en lugar de minimizar los peligros del mar y mostrar sólo bellas fotos de revistas femeninas.

Creo que es indispensable darse cuenta de que trabajaremos con niveles de conciencia y dimensiones de experiencia que están más allá de la comprensión de la mente lógica terrenal. Posiblemente agudizando la mente intuitiva (a través del silencio, la meditación, la conexión con las energías sutiles), podremos acercarnos a la realidad esencial **explicada en todo libro sagrado**, pero difícilmente aplicable a nuestras problemáticas cotidianas y terriblemente domésticas.

¿Es indefectible el encuentro con la sombra?

Sí.

Aunque si nos dedicamos esmeradamente al desarrollo personal, al conocimiento de nosotras mismas, a la búsqueda de la propia misión, posiblemente estemos en condiciones de integrar permanentemente nuestra luz y nuestra **sombra**. Y no habrá grandes sorpresas. Ahora bien, en la medida en que más ciegos nos ponemos, más nos encapsulamos en creencias fabricadas según nuestra infantil conveniencia; **nuestra sombra aparecerá proyectada como destino**: enfermedades, accidentes, pérdidas y calamidades de todo tipo. Pensemos en la siguiente ecuación: **"A mayor 'mala suerte', menor integración de la sombra"**.

Desde "el punto de vista" de la **sombra**, podemos "ver" con mayor claridad: imaginemos dos habitaciones contiguas, una iluminada y la otra a oscuras. Si me instalo en la habitación luminosa e intento mirar hacia el cuarto de al lado, no distingo lo que sucede allí porque estoy "encandilada" por el exceso de luz. A la inversa, si me instalo en la habitación a oscuras y entreabro la puerta, veo con nitidez lo que sucede en el cuarto contiguo. **Desde la sombra se ve todo. Es asombroso.**

Cada ser humano depende de su decisión consciente para integrar su propia sombra, utilizando las señales que se le presentan constantemente. Podemos decir que se nos aparecen "carteles", como en las autopistas que anuncian lo que va a venir. En el primer cartel hay un aviso:"A 1 km hay un paredón". Luego aparece un segundo cartel que reza: "Preste atención, disminuya la velocidad, hay un paredón a sólo 500m". (Cada uno decide si mira o no mira el cartel, si le cree o no.) Luego se nos presenta un semáforo con luces intermitentes, con el aviso de los últimos 100 m. Luego otro cartel que avisa: "Usted está a punto de chocar". (Cada uno decide si es creíble o no el cartel, hay quienes prefieren distraerse con el paisaje, hay quienes incluso se sienten molestos con tantos letreros que perjudican el placer del viaje.) Después está el paredón. Hay quienes chocan. ¡Y se enfurecen! "¡¿Qué tenía que hacer este paredón aquí, en medio de la ruta?! "También hay personas que disminuyen la velocidad, se acercan caminando, tocan el paredón y lo estudian, encuentran recursos para llegar a destino comprendiendo los desvíos necesarios. Estas pruebas están a disposición de hombres y mujeres.

Puntualmente, en el caso de la experiencia del parto, siempre hay un paredón. **El encuentro con la sombra es indefectible.** El hecho de parir acompañadas, solas, anestesiadas, dormidas, perdidas o drogadas no modifica el inevitable hallazgo. Pero nos permite emerger sanas y salvas o mal heridas.

Insisto en que no podemos caer en la ingenuidad de creer que tener un bebé requiere sólo de preparaciones físicas o que se resuelve leyendo libros sobre métodos para criar bebés saludables. En el mercado hay saturación de este tipo de información.

Creo honestamente que una preparación adecuada es la compañía para el inicio o la continuación del **camino de búsqueda personal, porque el bebé se va a constituir en la manifestación concreta y visible de nuestra propia sombra.**

Para comprender el vínculo posible con un bebé, nos puede ayudar saber que los bebés están ubicados **por debajo de la línea del horizonte**, según nuestro esquema que divide los polos "yang" y "yin", consciente e inconsciente, luz y sombra, masculino y femenino, activo y pasivo.

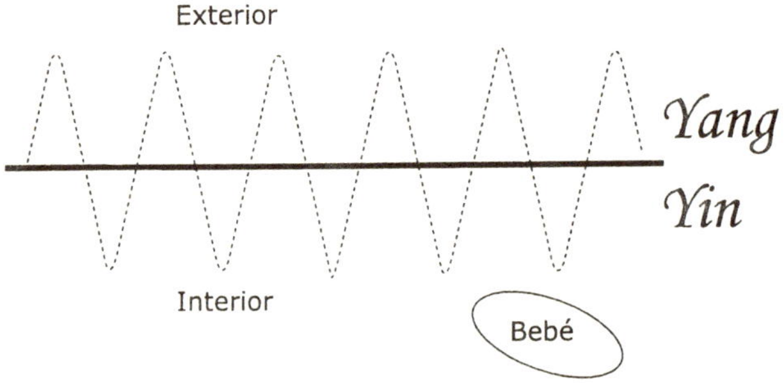

De hecho, el bebé es un ser sutil, viene de la **sombra**. Está conectado con todas sus capacidades intuitivas, telepáticas, perceptivas. Una vez producido el parto, el cuerpo del bebé es separado del cuerpo de la madre, pero el cuerpo sutil continúa unido entre ambos. De esta manera, la madre se convierte en una "mamá-bebe", con su alma abierta y entregada. Esta madre puérpera **se completa a sí misma** en la medida que **permanece unida, fusionada** a su hijo recién nacido. Al mismo tiempo, el bebé **"es"** en la medida que está relacionado y fusionado emocionalmente con su mamá, o a lo sumo con la persona maternante. **La fusión emocional** es el fenómeno por el cual madre e hijo comparten el mismo **campo emocional**.

Por lo tanto, que una situación sea vivenciada o sentida por la madre o por el hijo, es indiferente, ya que **actúa en el campo emocional de ambos**. Toda vivencia, feliz o traumática, vivida por la madre, **el niño la vive como propia**. Inversamente, toda experiencia concreta, sutil, armónica o atemorizante del bebé, **la madre la vive como propia**, sin tener la capacidad de discernir quién es el causante original de dicha vivencia.

Las madres puérperas somos capaces de irritarnos sobremanera por el ruido de un camión que pasa debajo de nuestra ventana, ya que la potencia sonora es demasiado agresiva para los oídos de la mamá–bebé. La misma incomodidad sentimos si alguien habla en voz alta, si suena el teléfono, si la radio o la televisión están prendidas, ya que nos sentimos agredidas como si fuéramos el bebé. Nos pasa lo mismo con el cuerpo: lo sentimos frágil, sensible, poco dispuesto para los demás, ya que está sintonizado exclusivamente con la tonalidad del cuerpo del bebé. **De eso se trata la fusión emocional mamá–bebé.**

Para zambullirnos en la fusión emocional, necesitamos **contacto. Bebé a "upa". Bebé en contacto corporal y emocional permanente con la mamá.** El bebé, dicho de otro modo, nos conduce al propio "yin", nos obliga a sumergirnos en la oscuridad y extraviarnos en nuestros laberintos, en la medida que las mujeres permanecemos con el bebé, navegamos las aguas internas.

En este sentido, **la fusión emocional con el bebé nos facilita el encuentro con la propia sombra**.

Acostumbradas a funcionar en el "yang", encontraremos suficientes "razones" para no quedarnos con el bebé. Incluso si aparece un atisbo de tristeza, llanto o desesperanza, la recomendación más frecuente será la de ir en busca de actividad, salida al exterior, distracción o trabajo. Es decir, abundan las sugerencias para escapar de nosotras mismas. El hábito de funcionar en frecuencia "yang" a través del trabajo, los quehaceres domésticos, las explicaciones razonables y la velocidad ciudadana, instala innumerables obstáculos que impiden permanecer fusionadas y, por ende, obstaculiza el encuentro de apertura de conciencia.

En este sentido, la fusión emocional es una maravillosa herramienta. Porque nos otorga el permiso de mantenernos quietas y navegar las olas de la sombra mientras el bebé llora, se brota, está incómodo, se queja o se irrita. Es decir, tendríamos que tolerar **no calmar inmediatamente al bebé, sino navegar la incomodidad que manifiesta, hasta encontrar la propia molestia: profunda, real y difícilmente "calmable"**.

Llegados a este punto, el lector pensará: toda esta conversación es muy interesante, los mundos sutiles suenan bonitos, pero las mamás reales, de carne y hueso, están preocupadas por otros asuntos más acuciantes. Visitan al pediatra y quieren saber cuántos gramos aumentó el bebé, calculan los días que les restan de licencia de maternidad antes de volver a la jornada laboral, hay quienes están preocupadísimas porque el marido se quedó sin trabajo, otras están invadidas por la prolongación en casa de la estadía de la suegra, o madres angustiadas por la leche que no fluye, en fin, preguntas y preocupaciones cotidianas que llevan a cada una a preguntarse: "¿Por qué me pasa esto a mí, ahora?".

Esto nos incumbe especialmente a los profesionales. Justamente **la confrontación entre lo esperable desde el mundo funcional**, (no sólo desde lo que los demás esperan de una, sino de lo que una espera de una misma), nos hace luchar entre el "yang" y el "yin", entre las frecuencias "AM" y "FM". ¿Por qué? Porque anhelamos ser "como corresponde", tratamos de recuperar a la persona que creíamos ser: activa, linda, emprendedora, concreta, exitosa, puntual, seductora, segura y veloz. Desde las alturas del "yang", nos llamamos a la actividad, huyendo de lo desconocido y, sobre todo, del lugar desvalorizado del mundo emocional y movedizo. Esta negación a la entrega, a la integración de nuestros aspectos femeninos y masculinos, pensantes y sentimentales, brillantes y opacos, nos arroja a un callejón sin salida donde suponemos enloquecer, porque **nada es como debería ser**.

Creer que una debe volver a ser la de antes, es uno de los principales obstáculos para la fusión emocional, por lo tanto, para un encuentro provechoso con la propia sombra.

El puerperio (como otras crisis vitales) ofrece la oportunidad de **integrar** aspectos propios que estaban relegados fuera de nuestra conciencia. Lo que aparece desconocido en medio del puerperio también pertenece al "yo soy". Desear ser "como antes" equivale a pretender ser sólo una parte de lo que una es.

Tres: La madre interior que nos habita

Además de la fusión emocional entre la madre y el bebé recién nacido, se produce otro **fenómeno fusional** entre la madre y aquella madre que nos maternó. Es decir, se actualiza la vivencia de ese momento pasado en que vivíamos la fusión "desde el otro lado". También podríamos decir que estamos fusionadas con la vivencia del bebé que hemos sido.

La madre interior es en parte la mamá real que tuvimos y que nos maternó. Pero, por sobre todo, es la mamá que hemos experimentado, es la que resuena en nuestro interior, la que hemos construido, la que reside en nuestra alma. De hecho, en relación con una misma mamá, cada hermano la vive con matices diferentes. Responde a su propia y original energía personal.

Cuando devenimos madres, contamos consciente o inconscientemente, con la mamá que hemos tenido. Este es otro aspecto oculto que se pone en juego durante el puerperio. Por eso sorprende. Sobre todo cuando nos hemos identificado polarizadamente con aspectos opuestos a las características molestas de nuestra madre real.

Por ejemplo: una mujer es Gerente General de una empresa multinacional, tiene a su cargo cuarenta y cinco empleados. Es emprendedora, segura de sí misma, rigurosa y enérgica. Nace su primer bebé y "se ahoga en un vaso de agua" cuando no lo puede calmar. Es tal el desconcierto sobre este aspecto oculto de su personalidad que pierde todos los parámetros de su identidad y tiene la sensación de enloquecer. Para colmo, considera haberse preparado para la maternidad, consultó con los mejores médicos, tuvo un parto excelente, tenía prácticamente todo organizado y previsto. Pero resulta que esta mujer exitosa, durante su infancia fue abandonada emocionalmente por su madre. Tal vez a raíz de esta desprotección original, aprendió a abrirse camino en la vida sola, con las reglas de la frecuencia "AM", haciendo uso de su capacidad intelectual, esfuerzo y constancia. Fue reconocida y construyó su propia identidad sobre la base de los parámetros visibles de la lógica "yang". Cumplió treinta y seis años y creyó tener todo organizado para dedicarle, ahora sí, tiempo y amor a un hijo. Pero no sospechó que en el encuentro con el bebé real, se **juega el encuentro con la madre interior que la sigue habitando**. Por eso, el verdadero trabajo es retornar a esa madre interior que emerge. Reconocerla. Sentir profundamente el abandono y trasmutarlo con las herramientas de su ser adulto. Despojarse de los mecanismos de la infancia, comprendiendo el dolor y las necesidades de entonces para firmar acuerdos consigo misma desde la persona total que ella es.

La madre interior que nos habita es también parte de nuestra sombra, que se manifiesta especialmente cuando devenimos madres. Incluso en casos de mujeres que practican una vida espiritual, de búsqueda personal y desarrollo interior, es posible que mientras no hayan experimentado el nacimiento de un hijo, este aspecto oculto no haya tenido la oportunidad de revelarse. Bucear en nuestros recuerdos, sueños y emociones de nuestra infancia, nos da recursos para comprender la gama de sensaciones contradictorias y sorprendentes que nos acechan cuando nuestro bebé aúlla como si fuera el fin del mundo.

Sobre este punto hay mucho trabajo para desarrollar en compañía de profesionales de la salud, la educación o la comunicación que quieran asistir a madres puérperas. Es necesario traer a la conciencia esta madre interna que hasta el momento **vivía en la sombra**. A partir de allí podremos reconocer nuestras capacidades maternantes, es decir, con qué contamos ahora, auténticamente, para maternar a nuestros hijos.

Desde allí, desde el reconocimiento de la propia sombra, el profesional guiará, según sus recursos o su modalidad profesional. Pero indefectiblemente tendrá que **sostener el encuentro, navegar junto a la puérpera en el abismo de la energía "yin" o en la frecuencia "FM"**. Hacer parte de la tripulación del velero, remontar las olas atravesando la misma tormenta que la puérpera, no asustarse, no huir y saber que en compañía se llega más entera a destino. Claro que esta actitud es sostenible si el o la profesional tienen alguna experiencia de encuentro con sus partes oscuras.Y si están dispuestos a correr peligro.

Esta actitud difiere diametralmente de la posición "elevada" y distante de **dar consejos detrás de un bonito escritorio**. Decirle a la puérpera lo que tiene que hacer, es no estar dispuestos a compartir la experiencia de la travesía.

La tormenta puede tener su lógica cuando nos remontamos a la infancia de la mujer que ha dado a luz, a la madre real que la ha maternado, a las vivencias y acontecimientos que han signado su infancia. No importa demasiado lo anecdótico, sino la capacidad de traducir y comprender la energía vivida una y otra vez en la infancia, cómo esas vivencias han erigido nuestras creencias y cómo, prisioneras de esas creencias, quedamos ancladas en la identificación de nuestras partes luminosas. El puerperio, en este sentido, es un nuevo punto de partida, una nueva posibilidad de sumergirnos en las olas revueltas para buscar algún tesoro que se nos haya escapado en el pasado.

Cuatro: El fenómeno "unión vida-muerte" (puerperio y duelo)

Obviamente la vida es intrínseca a la muerte. Pero en la cotidianidad nos olvidamos de esta evidencia. Por supuesto, la cercanía de la muerte es vivenciada si fallece alguien muy ligado emocionalmente a nosotros. Pero lo sorprendente es sentir la muerte de modo tan palpable en el instante previo al "expulsivo" (momento en que "corona" la cabeza del bebé). ¿Por qué? Porque en el terreno sutil, existe un paralelo entre **el período de puerperio y el período de duelo.** Porque nacimiento y muerte son el mismo fenómeno.

Estar "de duelo" significa acompañar emocionalmente al ser que pasó "hacia el más allá". Vida y muerte están separadas por una puerta vaivén que abre tanto hacia un lado como hacia el otro. Durante **el duelo está permitida la tristeza, pero no está permitida la alegría.** Alrededor de nosotros se nos solicita que rápidamente "nos sintamos bien", que escapemos de la sombra (que también se cuela en el abrir y cerrar de la puerta vaivén), en definitiva, que nos conectemos otra vez con nuestros aspectos "yang". "Maquillate para que te vean linda." "No llores más, para no preocupar a tus hijos." "Lo mejor es volver a trabajar, así dejás de pensar." Estas son algunas de las recomendaciones más frecuentes y bienintencionadas.

Estar puérpera significa acompañar emocionalmente al ser que acaba de pasar el umbral hacia el más acá, es decir, es el mismo recorrido, pero en sentido inverso. Estamos refiriéndonos a la **misma puerta.** En este caso, **está permitida la alegría, pero no es tolerada la tristeza.** De todas formas estamos obligadas a hacer un esfuerzo para funcionar en el "yang". También se nos sugiere trabajar, activarnos, adelgazar, conectarnos con la diversión y el entretenimiento.

Las dos situaciones, tanto de **duelo** como de **puerperio**, son acompañamientos emocionales **cercanos al más allá.** Tanto por el hecho de que un ser acaba de partir o que alguien acaba de llegar. Cuando asistimos afectivamente en estos pasajes, (atendiendo a un moribundo u fusionándonos emocionalmente con nuestro hijo), nos contagiamos de la sabiduría de eso que formalmente nos es vedado a la comprensión puramente terrenal. Dicho de otro modo, estamos sumergidos en un **proceso de alteración o ampliación del estado de conciencia.**

Esta ampliación de nuestras capacidades conscientes, pocas veces logramos producirla en nuestra vida cotidiana. Por lo general, estas capacidades aparecen en medio de crisis vitales extremas o bien acompañando pasajes de llegada o partida hacia el más allá. ¿Cómo nos damos cuenta? Generalmente se manifiestan a través de conexiones especiales con los mundos sutiles, los mundos emocionales, telepáticos o intuitivos. Se abren "paisajes internos" como huecos de cavernas, que nos inundan de ansiedad porque aumenta la conciencia a través de sueños, fantasías o confusiones. Cualquier hecho insignificante despierta en nosotros un aluvión de miedos e inseguridades, con lo cual sentimos que somos personas menos "íntegras" de lo que creíamos ser. Es inexplicable en palabras la sensación de "descenso" al "submundo" sin formas. Allí hay un lugar invisible, donde ningún caparazón construido en la superficie de lo concreto sirve para atenuar la sensación de despojamiento, humildad y vacío que vamos a transitar. A veces reconocemos en este viaje, que somos parte de la conciencia cósmica y que nos sentimos unidas al Universo.

Podemos comprender este fenómeno si pensamos en el amanecer o en el anochecer: ese instante fugaz en que el sol apenas se asoma por el horizonte y está a punto de iniciar el día o bien la noche. Siendo niños alguna vez hemos jugado a ser "más altos" gracias a la propia sombra que se alargaba proyectada sobre las veredas. Cuando estamos al borde del pasaje entre un polo y otro (entre el día y la noche, la vida y la muerte, la vigilia y el sueño) **nuestras sombras se agrandan**. Difícilmente podamos permanecer ignorantes frente al esplendor de la sombra. Los "pasajes", los principios y finales de algo, son los momentos ideales para iluminar la sombra, porque se manifiestan con "una lente de aumento".

En este punto, nuestro "yang" racional nos llama y nos advierte que "estamos rayando en la locura". Cuando aparecen estos estados de gran lucidez, o sensaciones de omnipotencia (muy frecuentes después de un parto vivido con plenitud), rápidamente los descartamos, los ocultamos o los minimizamos, porque nos resulta complicado ubicarlos en algún estante del placard de los fenómenos explicables.

Obviamente sería ideal **aprovechar estos estados alterados de la conciencia**, fundirse, entregarse, abrirse; ya que muy pocas veces en nuestra vida lograremos generar la lucidez y la comprensión de nosotros mismos y de los demás que podemos alcanzar en estos períodos de apertura. La comprensión existencial que se hace evidente en nuestro espíritu es indescriptible en palabras.

El principal obstáculo para dejarse llevar por tan desestabilizadoras sensaciones, es el hecho de estar navegando en una "frecuencia de onda" diferente de la del resto de la humanidad. Esto refuerza el miedo a la locura, al constatar que las percepciones son divergentes e inexplicables.

Podemos imaginar las dos fuerzas, "yin" y "yang" como dos frecuencias de onda diferentes. Al "yin" lo vamos a nombrar "radio FM" y al "yang", lo señalamos como "radio AM".

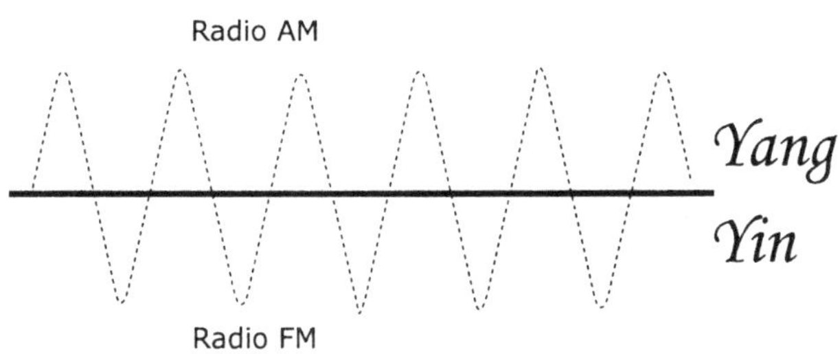

Sabemos que si escuchamos una frecuencia, difícilmente podamos escuchar la otra simultáneamente. Es necesario cambiar de canal. Y cada uno tiene sus preferencias...

Desde el lugar profesional, si es nuestra intención acompañar en diversas crisis vitales a mujeres madres de niños pequeños, es nuestra obligación aprender a navegar "en la FM". Así seamos médicos, terapeutas, profesoras de yoga, preparadoras para el parto, parteras, profesores de Chi-Kun o guías espirituales, debemos concentrarnos en desarrollar nuestra capacidad para navegar la "FM" y, por supuesto, esto requiere permanecer abiertos al encuentro con nuestra propia sombra. De lo contrario, será atemorizante relacionarnos con la sombra ajena, ya que todos tenemos trabajo de sobra con la propia.

Capítulo 2 - Depresiones puerperales

El submundo del puerperio. Depresiones puerperales.
El caso Patricia: cesárea, medicación y después... Más luchas entre "yin" y "yang". La sombra manifiesta en el cuerpo del bebé. El puerperio es eterno.

El submundo del puerperio

Hay otra imagen que puede facilitarnos la comprensión de la vivencia del puerperio y es la de un buzo que se preparara para bucear en el fondo del mar, en busca de piedras preciosas. Solemos observar, en los documentales que transmiten por televisión, los inmensos buques con computadoras que "monitorean" la inmersión de los buzos, dotados de un ejército de profesionales atentos a todo lo que puedan requerir desde el fondo del mar (representan el mundo "yang"). Simplemente están atentos para apoyarlos, avisarles cuánto les resta de oxígeno y facilitarles la tarea. Luego esperan ansiosos el regreso del buzo que traerá relatos fantásticos, además de las piedras preciosas extraídas de algún tesoro escondido (el buzo se interna en el mundo "yin"). Así es posible sumergirse.

Contrariamente, nadie en su sano juicio se arrojará al mar desde un bote solitario, por más valiente que se considere. Si no hay suficiente sostén, compañía y observadores que calculen desde el mundo concreto y racional los peligros y posibilidades reales de un paseo por el fondo del mar, la decisión más coherente será la de no acercarse al mar.

Por eso, sumergirse en las aguas del puerperio, oscuras, infinitas, desconocidas y misteriosas, sólo será posible si se cuenta con personas que "monitoreen" el mundo externo, permitiendo que la inmersión sea libre y sin tantas preocupaciones.

Para lanzarse a lo "desconocido" se requiere que algo o alguien permanezca en lo "conocido". De lo contrario, no hay inmersión, no hay despojo del mundo racional, no hay libertad ni fusión con el recién nacido. Esta ecuación tendremos que evaluarla ante cualquier consulta de cualquier madre de niños pequeños por el motivo que sea. **El puerperio es una caída al submundo oceánico**, con sus tesoros y sus peligros innatos.

Depresiones puerperales

Hemos dicho que, inmediatamente después del nacimiento del bebé, se instala el fenómeno del puerperio, es decir, se produce una abertura por donde puede colarse la energía de la sombra, junto a los aspectos con los que la conciencia no se identificó y decidió rechazar. Hemos dicho que la tendencia social y psicológica intenta que las madres se "pongan bien", que rápidamente se calcen los pantalones ajustados, retomen el trabajo y regresen al mundo de la razón.

Entonces –sin que nos demos cuenta– comienza a librarse una batalla entre el adentro y el afuera, entre la luz y la sombra, entre lo activo y lo pasivo. La sombra puja por aparecer, haciendo temblar el suelo (recordemos la metáfora del volcán), rugiendo desde las entrañas terrestres. O bien nadie está dispuesto a que el buzo disfrute de sus extraordinarios descubrimientos del océano infinito. Algo peligroso va a acontecer, pero fingimos serenidad. No logramos nombrar "eso" que sentimos y que no se parece a nada que hayamos experimentado alguna vez. Sólo se parece al desmoronamiento del mundo entero. Es el presagio del propio diluvio universal.

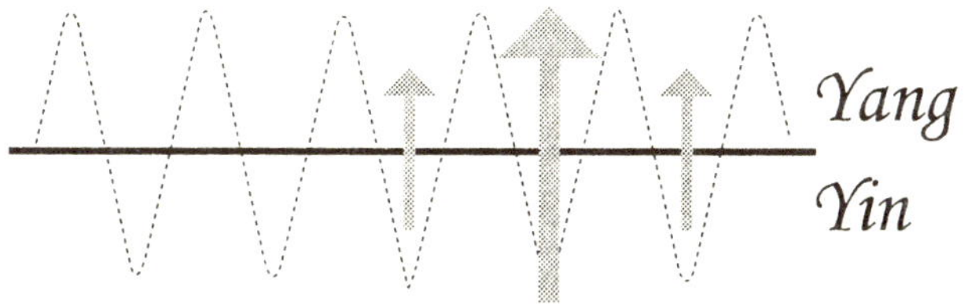

Desde nuestro interior, la sombra puja por aparecer, aprovechando hasta el más ínfimo orificio emocional. Y estalla. Desde el otro lado, nuestro "yo consciente" no está dispuesto a dejarla cruzar (ahuyentándola con terribles augurios al mejor estilo "¡no pasarás!"). Comienza así la guerra interna. Entre nuestra luz y nuestra sombra. Entre nuestra identidad y las partes que no conocemos de nosotras mismas. Entre nuestro mundo interno y nuestro mundo externo.

Les cuento el final: casi siempre perdemos esta guerra, ya que pretendemos librarla con los ojos vendados (huyendo de nuestra sombra) y creyendo que la "luz" es la única portadora de la verdad.

La derrota de esta guerra se llama "depresión puerperal". El esfuerzo por desconocer la profundidad oscura y pretender que sólo existe el costado visible, nos lanza moribundas al fondo del precipicio. Allí perdemos definitivamente las señales y el descalabro es total.

¿Cómo y cuándo aparece la idea de la "depresión puerperal"?

En general, cuando una madre reciente llora, se desconoce a sí misma, percibe temores sin razón aparente, o las personas que la rodean no comprenden qué le pasa. Es increíblemente sencillo que alguien alrededor hable de una depresión puerperal. Es muy común.

Cuando nos diagnostican una "depresión puerperal", recibimos un abanico de propuestas: desde la consideración doméstica de una amiga: "No te preocupes, a todas las mujeres nos pasa lo mismo", con lo cual nos quedamos boquiabiertas y sin solución, hasta la más brutal y desconsiderada que es la **medicación psiquiátrica** recetada por un médico.

Sobre la medicación psiquiátrica durante el puerperio podría escribir un libro entero, pero me interesa denunciar sólo lo más cruel. En primer lugar **es demasiado frecuente**. Al menos es lo que constato en mi consultorio. Es increíblemente **elevada la cantidad de mamás medicadas psiquiátricamente** por supuestas "depresiones puerperales".

¿Cómo funciona la medicación psiquiátrica, además de calmar la ansiedad de los demás?

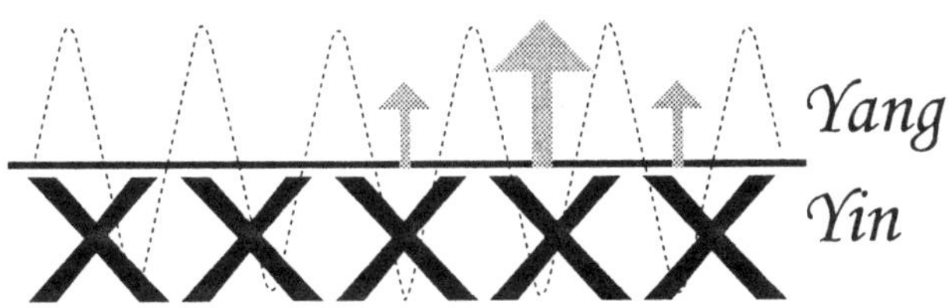

La medicación psiquiátrica "borra de un plumazo" toda la vivencia perteneciente al "yin". Hace de cuenta que no existe. Nos conecta más que nunca con el afuera: nos hace parecer compuestas, ordenadas, equilibradas y tranquilas. Todas las personas cercanas a la madre puérpera se calman, ya que estamos todos instalados otra vez en la luz. Nos permite "funcionar" en el mundo concreto: podemos levantarnos, vestirnos, ocuparnos del bebé, sonreír a las visitas y dormir sin angustias desproporcionadas. Anulamos definitivamente el encuentro con la sombra. Ese mundo invisible y terrorífico desaparece. Llegamos a tierra firme.

¿Recuerdan que antes nos referíamos a la lucidez de navegar en el "yin"? **Se terminó la lucidez.** Con la medicación psiquiátrica se limita también la autonomía. El objetivo es **adormecer las capacidades de conexión sutil de la conciencia** para volver a conectarnos con el afuera. Paradójicamente, **fue el esfuerzo por conectarse con el afuera lo que nos enfermó**. Repito: la lucha interna por huir del "yin" hacia el "yang", es decir, a lo que la mayoría de las personas entiende como "normal", es el **motivo desencadenante de las famosas "depresiones puerperales"**. Si la imagen que debería devolvernos el espejo es lo esperable desde el mundo funcional, procuraremos hacer lo imposible para asemejarnos a ese supuesto ideal. Huimos de la sombra. Rechazamos las nuevas sensaciones y percepciones cargadas de imágenes intraducibles. Perdemos la batalla. Nos hundimos en la pérdida de identidad. Aparece la angustia y la aparente "depresión". Medicación y empuje para volver a la guerra sin armas. Inicio de circuito sin salida. Mayor pérdida de identidad y desvalorización extrema de cualquier sentimiento que aparezca sin "razón".

Para no enfermarse, es indispensable abandonar **esa** lucha. Es necesario pedir ayuda y acompañamiento para **la travesía**. Entregarse a la sombra. Encontrarse con lo que desconocíamos de nosotras mismas.

Insisto en que la "depresión puerperal" aparece cuando no conseguimos compañía para navegar el océano "yin". Y cuando la única propuesta consiste en hacer de cuenta que esa parte no existe y que el único camino es alcanzar desesperadamente la frecuencia conocida, de conexión con el afuera. La medicación psiquiátrica, que efectivamente nos facilita subirnos al "crucero de las personas razonables", paradójicamente nos aleja de la fusión emocional con el bebé, acrecentando la distancia del ser que supuestamente más nos importa en este mundo.

Creo que el mayor problema frente a la "depresión puerperal" son "los otros". Me refiero a las personas que afectiva o profesionalmente están cerca de la mujer devenida madre, que se desconciertan por las actitudes y sentimientos que afloran y que resultan muy incómodos para cualquiera. A nadie le gusta que su propia mujer llore desconsoladamente todo el día, inundada de mocos y con los ojos hinchados. Antes era una "lady" sensual y glamorosa. Por eso los esposos, amigos, familiares y consejeros desean que esta mujer "vuelva rápidamente a ser como antes". Presionan para que deje de sentir lo que siente. Para que se alegre. Para que deje de llorar. Para que parezca una mujer feliz con un niño en brazos, como sugieren las fotos de cualquier revista comercial. Para que no modifique los acuerdos pactados con anterioridad que funcionaban tan bien. En fin, **toda persona en el proceso de encuentro con su propia sombra obliga a los demás a rozar la propia.**

Hay otras consecuencias inmediatas a la ingesta de medicación psiquiátrica. Generalmente las mujeres se autoexcluyen de la fusión emocional mamá–bebé y se desvanece la conexión sutil. Así, muchas de ellas pierden la lactancia. Posteriormente, se debilita el entrenamiento para reconocer los propios recursos emocionales a favor de las crisis vitales.

Quiero aclarar que no estoy acusando a las miles de mujeres que están en este instante medicadas. Al contrario. Quiero denunciar la ligereza con la que recurrimos a estos fármacos sin tomar en cuenta que, cuanto mayor sea el temor a probar con la punta del pie la temperatura del agua oscura, seguramente más historias escondidas necesitan emerger de nuestra alma herida.

Preferimos continuar con nuestra ceguera: tanto las mujeres desesperadas como los profesionales que las asisten. **Me violenta que a nadie se le ocurra preguntarle a una puérpera, sencillamente: "¿qué necesitás?", guardándose las ganas de emitir opiniones. O que haya tan pocas personas capaces de acompañar procesos que pueden parecer extraños, pero que sólo requieren solidaridad y algún abrazo cariñoso. No es psicoanálisis profundo. Es un abrazo.**

Pero entonces... ¿qué se le puede ofrecer a la puérpera deprimida que no para de llorar? Les relataré muy brevemente la historia de Patricia.

El caso Patricia: cesárea, medicación y después...

Patricia y su marido, Daniel, pidieron una consulta. Tenían tres hijos: Florencia, de siete años al momento de la primer consulta; Clara, de cinco y Bruno, un bebé recién nacido. Ya habían consultado con diversos profesionales, desorientados porque sentían que Florencia era "loca". En realidad, Florencia era increíblemente poco sociable, "se ponía muy nerviosa" en presencia de la gente, le resultaba arduo compartir cualquier cosa o situación en familia, sufría en el colegio, porque no entraba en relación con sus compañeros. Gritaba casi todo el tiempo. Era imposible vestirla o prepararla para una salida. La pelea era permanente con sus hermanos o cualquier persona que quisiese intercambiar con ella. Era capaz de pintarrajearse la cara minutos antes de salir a la calle. Los padres no comprendían qué pasaba con ella, parecía imposible lograr un momento de paz en presencia de Florencia. Clara, la segunda hija, era una niña que no presentaba problemas y, por su parte, el bebé mamaba plácidamente a "upa" de su mamá cuando los vi por primera vez.

Como es mi costumbre, les pedí que me relataran brevemente la historia de vida de cada uno de ellos. Así, supe que Patricia estaba radicada en Europa cuando conoció a Daniel. Él había viajado por un lapso corto para estudiar. En ese período se conocieron, se enamoraron y Patricia quedó embarazada. Con esta realidad a cuestas, decidieron regresar a la Argentina. Para Patricia no fue una decisión fácil, ya que trabajaba y residía en Europa desde hacía muchos años, se sentía cómoda, tenía un núcleo social importante y "su vida armada". De cualquier manera, regresó a reencontrarse con Daniel y atravesar el parto. Llegó a Buenos Aires con ocho meses de embarazo y cabe señalar que casi no tenía vínculos con su familia de origen, que vivía en el interior del país.

El parto fue por cesárea. Inmediatamente después le diagnostican una "depresión puerperal". La medican psiquiátricamente. Los pocos recuerdos que Patricia conserva de esa época tienen que ver con que no pudo amamantar a su hija, tampoco era capaz de ocuparse de ella, no se recuerda a sí misma con su hija en brazos. Obviamente le pregunto por la sensación de fusión (ahora que es madre de otros dos hijos) y dice no recordar ninguna sensación de unión, de apego con la beba. Sólo se recuerda dormida o "adormecida". Esta situación duró un año. Los recuerdos de este período son casi nulos.

Daniel relata haberse ocupado mucho de la beba, le daba el biberón y la llevaba a casa de sus propios padres. La beba era "buenita".

Luego, Patricia vuelve a quedar embarazada y con un resto de autonomía, decide desoír la indicación médica, abandonando la medicación. Vive un buen embarazo, un parto vaginal y una conexión con la segunda beba totalmente pacífica. Logra amamantarla con ternura y satisfacción. Cinco años más tarde, tercer embarazo, parto natural y lactancia placentera. Quiero señalar que Patricia parecía una mamá muy sensible, intuitiva y calma.

Concluí que Patricia había estado "ausente" emocionalmente durante todo el primer año de maternaje de Florencia, dormida a causa de la medicación y desconectada de la fusión. Es posible que haya sido emocionalmente muy duro para Patricia atravesar una cesárea, sin contención, sin explicación, sin tiempo, sin rearmar su vida en Buenos Aires, sin proyectos, sin red de amigos, sin trabajo, sin el país que la albergó. Seguramente fue un "shock" encontrarse con una cirugía, un bebé, una pareja que se había iniciado hacía muy poco tiempo, de vuelta en su país de origen donde no tenía vínculos afectivos... Pero justamente de eso se trata el encuentro con la sombra. Hubiera sido el momento preciso para que alguien le preguntara amorosamente: "¿qué necesitás?", "¿extrañás a alguna amiga?", "¿dónde está tu mamá?", "¿con quién necesitás conversar?", "¿quién querés que te acompañe para ayudarte con la beba?", "¿te duele mucho?". Frente a una mujer que lloraba desconsoladamente, le ofrecieron medicamentos en lugar de brindar una escucha amable. Y es tan simple lo que debemos preguntar... Es, generalmente, tan obvio. Tan al alcance de la mano de cualquier persona conectada. No se necesitan muchos diplomas para preguntarle a alguien qué necesita y en qué lo podemos ayudar...

Comprendí que Florencia tenía **hambre de mamá fusionada**. En realidad **era emocionalmente un bebé en un cuerpo de una niña de siete años**. Detestaba la multitud. Se perdía entre los hermanos. Pedía a gritos silencio y mirada exclusiva. No podía socializar. Necesitaba vivir la etapa de bebé que le había sido negada. Estaba sedienta de brazos, de leche, de fusión y conexión total.

Les propuse a Patricia y a Daniel que consideraran a Florencia como un bebé. Iba a ser difícil, porque tenían, además, a Bruno, un bebé real. Concretamente la sugerencia era dedicarle momentos de exclusividad (sin presencia de hermanos), tiempo de "upa", jugar a solas, comer a solas, llevarla a una escuela pequeña y hogareña. La idea era ofrecerle a Florencia el tiempo de fusión emocional que no había recibido, "regresar" a esa instancia para vivenciarla en el presente. Lo difícil sería ocuparse de dos bebés en casa, uno real y otro emocional.

Tomé en cuenta que mi propuesta era un poco "loca" y aparentemente poco "profesional". Pero quería que Patricia-Florencia (es decir fusionalmente mamá-bebé) experimentaran el regreso a las aguas oceánicas del "yin".

Aunque se trataba de una tarea muy compleja, la fueron llevando a cabo. Tanto la mamá como el papá detectaron velozmente que este nuevo sistema de vincularse ¡funcionaba! Cuando estaban a solas con Florencia, ella era una niña perfecta, amorosa, que se comunicaba con alegría, que se reía, que hacía preguntas y adoraba recibir respuestas. También descubrieron a una hija generosa. Una hija asombrosamente inteligente. Y creativa. Pero funcionaba sólo con dedicación exclusiva. Es decir, en vínculo con una sola persona. Al igual que los bebés: **si obtienen lo que necesitan, pueden funcionar**.

Cuando Patricia y Daniel "olvidaban" tratarla como un bebé, Florencia iniciaba una crisis de llanto (similar a un "ejército de bebés" que podría parar una guerra nuclear si se pusieran de acuerdo en llorar todos juntos), con lo cual sus padres recordaban automáticamente la frecuencia necesaria para vincularse.

Florencia poco a poco se fue "rehabilitando". Y desarrollando la capacidad de vincularse en grupo. Fue un proceso lento (como el desarrollo del ser humano). Pero una vez que obtuvo suficiente fusión, estuvo en condiciones de crecer.

Lo que quiero rescatar es que **la fusión es siempre sanadora**. No hay peligro en "volver hacia atrás". Las famosas regresiones dentro o fuera de las terapias son "regresos" a nuestra infancia. Son un volver a vivir, esta vez de un modo más armonioso. Cada vez que necesitamos sanar aspectos de nuestra alma herida, necesitamos entrar en **relación fusional** con algo o alguien. **La fusión emocional cura. La fusión emocional sana.**

Más luchas entre "yin" y "yang"

Durante el puerperio, además de la lucha entre el adentro y el afuera, hay otra batalla perdida de antemano que es la **guerra de los tiempos**.

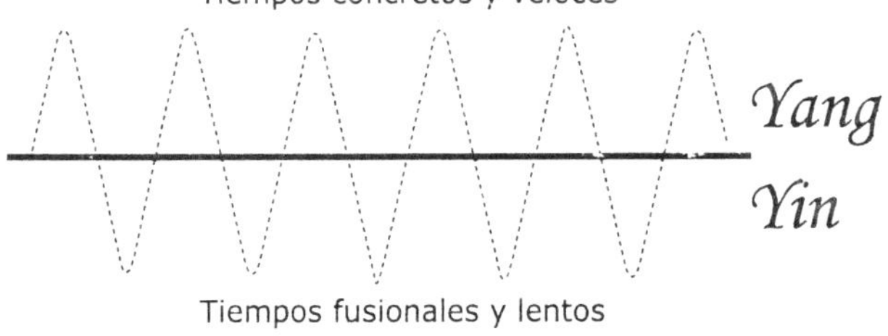

Los tiempos fusionales mamá–bebé normalmente son prolongados, lentos, curvos, sin horarios. Los tiempos materiales son rápidos, cortos, puntuales, limitados. En el mundo "yang" aparece el "tiempo de descuento": los días que restan para volver al trabajo. Las mamás calculan, razonan, sacan cuentas, hacen "colas", corren para llegar a tiempo. Es lo que Michel Odent llama: "trabajar con el neocórtex". Es decir, se activa la parte del cerebro que se ocupa de lo racional. Cuanto más nos instalamos en el "yang" y nos regimos por el "cerebro racional", menos conectadas estamos con la parte más primitiva del cerebro.

Para la mujer puérpera, volver a trabajar significa iniciar una lucha desigual entre el adentro, que es invisible (lo sabemos todas las mujeres), y el afuera, que es visible y reconocido, obviamente. Entonces razonamos la siguiente ecuación: "si retomo el trabajo, me van a valorar, luego me sentiré mejor".

Más allá de las decisiones o situaciones económicas o sociales específicas de cada mujer puérpera, es necesario **legalizar desde el rol profesional, la función específica de los tiempos fusionales**. **Es ese tiempo lento, pasivo, sin bordes, sin apuro, sin horarios, lo que posibilita el maternaje. La supervivencia de la especie depende de la capacidad de fusión ligada al silencio y a la pérdida de referentes externos. Tiene que ver con el agua, la noche, la lluvia y las estrellas. Con la quietud, la imaginación, el mundo onírico y la más increíble resonancia con la inmensidad del universo.**

Los **tiempos fusionales** son tiempos regidos por las necesidades y demandas del bebé, que "no tienen explicación" y que parecen no acabar nunca. Son tiempos interiores, cálidos, seguros, curvos, suaves, silenciosos. Son tiempos de la sombra, regidos por mundos sutiles, por las emociones, el contacto, los abrazos, la leche, los fluidos, el calor, los excrementos, el cuerpo a cuerpo.

Es justamente **el tiempo fusional reclamado por el bebé, lo que garantiza que la madre permanecerá en la frecuencia "FM", en el mundo "yin", oculto, sombrío, desconocido**. La sensación de dejar de ser una misma, es decir, de despersonalizarse, quedándose "fuera del tiempo y del espacio real" avala la función maternante, permitiendo afinar la intuición, sintiendo la unión cristalina con el cosmos y adormeciéndose en la misma canción de cuna con la que pretendemos calmar al niño. **Todo eso es fusión. Es sanación. Es maternaje.**

Sin embargo, como la mayoría de las personas adultas vivimos en la frecuencia "AM", presionamos a las madres para "dejar al bebé rápidamente". Para emerger de la fusión. Liberarse de la supuesta "locura". Abandonar ese mundo de hechizos incomprensibles. Todos hemos escuchado frases tales como: "se va a mal acostumbrar", "no lo tengas tanto a upa", "te tomó la hora", "es un caprichoso", "así tu marido no te va a seguir queriendo" y otras delicias expresadas por las personas comunes que, a pesar de sus buenas intenciones, hieren la zambullida hacia el mundo sutil.

Dichas apreciaciones me resultan cada vez más insólitas. Recordemos que **permanecer con el bebé es asegurarse un viaje por la sombra**.

Vale la pena reflexionar sobre los verdaderos objetivos de la cultura industrial, occidental y cristiana; donde son alentadas las separaciones tempranas entre las madres y sus bebés: guarderías para niños muy pequeños, madres obligadas a retomar prontamente sus actividades y horarios rígidos para pautar la alimentación o el sueño, condicionan, en realidad, un pensamiento que privilegia la energía masculina. **No son inocuos los consejos que instan a las madres a desconectarse de los bebés. Persiguen siempre el mismo propósito: huir de la sombra. Desconociendo, así, la aparición de una evidencia.**

Todo aquello que aún permanece en la sombra **no es terrorífico**, posiblemente ni siquiera sea demasiado serio o doloroso. **Lo es sólo en la vivencia infantil.** Pero si tuviéramos la intención de integrar en nuestra vida adulta esos aspectos que aún nos inquietan, estaríamos sanando y recreando cada situación en su **justa medida**.

Nosotros no podemos modificar el pasado, pero sí podemos comprenderlo. Por eso no hay nada que temer en la sombra, ya que allí residen nuestras partes ocultas y preciosas. No hay una verdadera división entre "lindo" y "feo", sino entre **apertura de la conciencia o negación de una parte de la conciencia**.

Las intenciones de ayudar profesionalmente a una mujer puérpera que estén situadas en el sector "yang" de la conciencia, no cambiarán en nada la realidad emocional de la madre reciente. Los remedios, los consejos útiles y la información que circula, sólo profundizarán su desesperación por aferrarse a una solución concreta. **El verdadero oficio de asistir a una madre puérpera se basa en la capacidad de mostrar amorosamente lo que emerge de su sombra**, luego acompañarla sin luchar en contra de estas energías y ayudar a integrarlas, junto a recuerdos, vivencias, experiencias del pasado, emociones y sentimientos. Unir el pasado y el presente en una sola sensación y navegar análogamente en varios planos simultáneamente.

Durante el **puerperio**, es necesario **permanecer por debajo de la línea del horizonte de la conciencia**, es decir, lo que estamos denominando energía "yin". Cada vez que promovemos una lucha para escapar hacia la superficie, quedamos exiliadas doblemente: fuera de la energía intuitiva y onírica y fuera de la energía concreta y racional, ya que el estado puerperal nos impide ingresar con nuestras capacidades intelectuales intactas. Por eso, la "depresión puerperal" se ha tornado tan corriente, siendo una batalla perdida de antemano; porque las mujeres no estamos dispuestas a abandonar la lucha, a aceptar que nos toca ingresar en el mundo trascendente, fuera del tiempo y del espacio. Dejaremos de estar "deprimidas" si admitimos que el puerperio es una travesía mágica, guiada por una música celestial.

Este tema lo hemos desarrollado en el libro *La maternidad y el encuentro con la propia sombra*, pero vale la pena nombrar someramente una situación que, por tan repetitiva, la consideramos "normal".

Las mujeres puérperas llamativamente no se enferman: se enferman los bebés. Mucho. No hay motivos físicos para que tantos bebés y niños muy pequeños, habiendo nacido sanos, se enfermen repetidamente.

Los verdaderos motivos pueden comprenderse al reconocer dentro de la fusión emocional mamá-bebé, la **manifestación de la realidad emocional de la madre sobre el cuerpo del hijo**. El bebé manifiesta una porción de la sombra. Se traduce en resfríos interminables, otitis a repetición, bronqueolitis, broncoespasmos, alergias, sarpullidos, fiebres elevadas, infecciones, etc.

La sombra se cuela y busca un lugar posible donde expresarse. El cuerpo del niño pequeño es un sitio disponible y conectado. Si permanecemos ciegas, con más facilidad la sombra ocupará un sitio donde plasmarse. En cambio, si la reconocemos y la integramos, se va a manifestar a través de nuestra propia luz. Es incongruente buscar en el bebé la solución a sus desequilibrios físicos. Basta prestar atención a los niños que conocemos para constatar que se enferman una y otra vez, mientras los padres le echan la culpa al invierno, a las epidemias de la escuela, al primito de quien se contagió o a la mala suerte de tener un niño tan débil.

Si estamos dispuestos a encarar una asistencia seria hacia los niños, en el caso de ser maestras, asistentes sociales, pediatras, o terapeutas, deberíamos imaginarnos un halo invisible que envuelve a ese niño con esa mamá. Mirarlos en conjunto. Observarlos como una sola unidad energética. Preguntar indistintamente por la energía de uno o la del otro. Entonces quizás estemos en condiciones de iniciar un recorrido de preguntas que sea revelador para la madre. Mirar a un niño solo es incompleto y confuso. **Cada niño es parte de la realidad emocional de su mamá. Y viceversa.**

Si no comprendemos este concepto, que es básico, no lograremos salir del circuito perverso e inútil de ver la enfermedad física como si fuera la única realidad. Una vez más, responde a la creencia de que la realidad sólo se juega por sobre la línea del horizonte. Suponer que el "yang" es la totalidad, desconocer lo invisible, el "yin", nos aleja de la comprensión del Todo.

Otra tarea imprescindible del profesional asistente es **habilitar** este engorroso encuentro con la sombra, por un lado, y **habilitar** la fusión emocional, por el otro.

Por ejemplo: una madre primeriza llega a mi consultorio con su bebé dormido en su "*baby-seat*". A los pocos minutos el bebé comienza a llorar. La madre se inquieta y me pregunta si "es normal". Yo no tengo la más mínima idea de qué es normal y qué no. Pero le propongo que tome al bebé en sus brazos. La madre me responde que en los brazos el bebé le va a reclamar el pecho, pero que ya comió antes de salir de casa y no es hora de volver a darle de comer (sic, cientos de veces la misma frase con mínimas variaciones). Entonces, **habilito la fusión**. Explico que el bebé sentado a 50 cm de su madre, tiene sensación de "no-mamá". Que está solo. Que está en un lugar totalmente desconocido. Que ella también está inquieta por mi presencia y por la inédita situación de la consulta. Que tanto el bebé como ella misma necesitan amparo. Eso se traduce en brazos, contacto corporal e incluso leche. Le cuento que para nuestra mente adulta occidental es muy difícil admitir que si el bebé **no está en brazos**, la vivencia del bebé es de **soledad**. Hago referencia a los paseos que las madres solemos disfrutar con el bebé en su cochecito: en esos casos tenemos la sensación de haber acompañado al bebé en una espectacular tarde de sol. El bebé duerme plácidamente en su cuna rodante. **Pero la vivencia es de "no-mamá".** Cuando finalmente regresamos al hogar, dispuestas a descansar, el bebé reclama presencia desconsoladamente, porque "llegó la hora de estar con mamá". Nuestra sensación es absolutamente contraria, ya que consideramos haberle dedicado la tarde completa al bebé y que ahora nos toca descansar. Creemos enloquecer.

No hay muchos lugares donde se invite a las mamás a tomar a sus hijos en brazos. Las madres pasean con los bebés en cochecitos sofisticados. Por las calles se ven pocas mamás con sus bebés en brazos, en "canguros", en "kepinas" o simplemente a "upa". A esto me refiero cuando hablo de contacto corporal y emocional. Todas las culturas lo saben. La nuestra parece haberlo olvidado.

Habilitar la fusión, entonces, tiene que ver con pedirle a la madre que pose sus manos sobre el corazón y se pregunte qué desea. No importa lo que es normal. No importa lo que es esperable. Casi sin excepción, si se les ayuda a conectarse con sus deseos más genuinos, las mamás adoran tener a los bebés en brazos.

En síntesis, hemos dicho que "la obligación" de **permanecer con el bebé fusionado**, a "upa", **nos asegura el viaje por la sombra**. Por otra parte, en la medida que tenemos al bebé en brazos, "no podemos hacer otra cosa". Estamos "embebidas" de la energía sutil del bebé. Estamos navegando la frecuencia "FM".

En realidad, la gran mayoría de mujeres hacemos exactamente lo contrario: nos apartamos del bebé, de nosotras mismas y de lo que emerge de nuestra sombra. Intentamos volver a ser la persona concreta que éramos antes del diluvio. Consecuencia: la sombra aparece en el cuerpo de los niños en manifestaciones molestas como enfermedades, llantos desmedidos o accidentes. Permanecer con el bebé "a upa" facilita las analogías entre las manifestaciones físicas del bebé y el dolor oculto de la madre.

El puerperio es eterno

¿Cuarenta días? ¿Quién inventó tamaña idiotez?

Los famosos cuarenta días hacen referencia a una "cuarentena" donde se salva a la mujer de la obligación de mantener relaciones sexuales en ese primer período después del parto. Básicamente cuida la correcta cicatrización de las heridas y el fin del sangrado.

Sin embargo, el puerperio es mucho más que el lapso de abstinencia sexual por incomodidades físicas. **El puerperio es un estado emocional ligado a la alteración de la conciencia.**

¿Entonces, cuánto tiempo dura el puerperio?

Personalmente, creo que **dura alrededor de dos años.** Incluso me atrevo a afirmar que el puerperio, si se lo vive con conciencia, no termina nunca. Es un viaje de ida. Es el inicio de un estilo de comunicación con el propio yo.

Alrededor de los dos años, el niño comienza un período que llamaremos de "lenta separación emocional". Coincide con el momento en que puede nombrarse a sí mismo: "yo". Paralelamente, la madre también percibe la separación progresiva, retoma sus tareas con genuino interés o precisa más oportunidades para satisfacer sus propias necesidades. Esta evolución hacia la separación emocional culmina en la adolescencia. Son años. En esta época de velocidades extremas, nos parece mucho tiempo. Pero así estamos diseñados los seres humanos.

El puerperio, como realidad emocional, persiste mientras continúa la fusión emocional. Es decir, los dos primeros años. Mientras navegamos en el "yin" del mundo sutil del bebé.

La conexión con los mundos sutiles nos ofrece herramientas fabulosas. Percibimos lo que es invisible para los demás. Sentimos lo que otros no sienten. El puerperio puede asemejarse a la ingesta de drogas psicodélicas... ¡pero es más barato y no da dolor de estómago!

Las mujeres que se entrenan para sumergirse en el mundo emocional fusional aprenden la dulzura de sus aguas, la fluidez del contacto y el susurro de los pájaros. No hay apuro... Todo niño bien maternado tendrá curiosidad por explorar el mundo después de los dos años de edad. Todo pichón abandona su nido.

Capítulo 3 - Mundo interno y mundo externo

La realidad externa. La vivencia de los partos desde el "yang". La vivencia del puerperio desde el "yang". Occitocina y adrenalina (yin y yang). Proyección polar sobre los hijos cuando optamos por la ceguera emocional.

La realidad externa

La mayoría de las madres tiene la necesidad y la obligación de retomar el trabajo, ocho horas diarias, sumadas al tiempo de transporte en las grandes ciudades. ¿Cómo pueden lograr permanecer fusionadas? ¿Cómo se conectan con sus aspectos "yin"? ¿Acaso no son buenas madres?

Idealmente, en la medida en que previamente haya construido **algún sostén eficaz**, esa madre llegará a casa y **no se va a ocupar de ninguna otra tarea** que no sea desnudarse y recostarse con el bebé en brazos. Va a tener deseos de recuperar el tiempo perdido, se lo va a llevar a dormir a la cama, lo va a amamantar permanentemente sin mirar el reloj, va a fundirse en el ritmo y el olor del bebé, va a sentirse otra vez fusionada como si fueran uno. Habrá delegado en otras personas las tareas del hogar, incluso algunas obligaciones referentes a los hijos mayores. Esa díada habrá recuperado la energía original, para soportar al día siguiente otro largo período de separación... y esperar una y otra vez el regreso de la madre a casa.

En cambio, una madre sin sostén emocional, además de trabajar, está obligada a permanecer en el "afuera" en muchos otros aspectos de la vida cotidiana. Ir a trabajar no es el gran "cuco" para las mujeres. **Maternar sin sostén es el verdadero "cuco".** Las mujeres que trabajan muchas horas fuera del hogar teniendo un bebé, a veces tienen que cumplir con un sinnúmero de obligaciones extralaborales, o hacerse cargo de las responsabilidades domésticas, vinculares o afectivas de otras personas.Vale la pena revisar dónde ponemos nuestra energía... constataremos que el bebé recibe poco maternaje y que el trabajo no siempre es el principal responsable.

Personalmente, he trabajado a lo largo de toda mi vida adulta, y apoyo el trabajo y la autonomía afectiva y económica de las mujeres. El problema no es retomar el trabajo con un hijo, **sino la conciencia con que lo realizamos**. Es trabajar para nuestra libertad o trabajar para nuestra prisión emocional. Muchas madres –sin sostén, por lo tanto obligadas a la desconexión con el niño– prefieren destetar tempranamente "para que el bebé se vaya acostumbrando", en lugar de aprovechar al máximo cada instante de presencia y contacto.

Los varones podrán acompañar, si previamente las mujeres permitimos que aflore la energía femenina. Es en el mundo externo donde hay que generar redes de apoyo, grupos de crianza, grupos de apoyo a la lactancia, grupos de escucha para madres, grupos de encuentro entre puérperas y, sobre todo, **profesionales solidarios, especialmente entrenados en maternidad**, dispuestos a **embarrarse con la propia sombra.**

También nos corresponde a las mujeres salir con nuestros hijos pequeños a los lugares sociales: las oficinas, los bancos, las administraciones, los comercios. Contribuir a que los adultos nos acostumbremos a convivir con niños en casi cualquier situación. Ahora que los niños están escolarizados cada vez más tempranamente y cada vez más horas, la sociedad está dividida en lugares para adultos y lugares para niños. Las mujeres no deberíamos necesariamente abandonar a nuestros bebés para poder trabajar. Deberíamos integrarlos a nuestro trabajo. Hasta que tengan un año aproximadamente y logren, como mínimo, el desplazamiento autónomo. Las mujeres merecemos trabajar, merecemos ganar dinero, desarrollarnos, evolucionar y también merecemos amamantar y fusionar emocionalmente con nuestros bebés el tiempo que cada día la mamá-bebé lo requiera.

Al mismo tiempo, necesitamos obtener las mejores condiciones para retomar el hilo invisible que nos une con nuestro bebé, cada vez que regresamos a casa. Esto exige un entrenamiento para sumergirse en el "yin", salir a flote hacia el "yang" y volver a sumergirse... y así, cada día, como seres capaces de respirar, llenando nuestros pulmones de aire, y luego hundirse en la conciencia oceánica. No es imposible. Es sólo laborioso.

La vivencia de los partos desde el "yang"

El puerperio, como período de apertura de conciencia del costado "yin", no puede ser tenido en cuenta cuando la vivencia inmediatamente anterior es despojada de todo sentido de pasaje espiritual. Dicho de otro modo, hoy entendemos los partos desde la mirada "yang", es decir, como un proceso meramente físico que necesita cierta ayuda técnica para ser atravesada sin riesgos visibles. Es lamentable que la masificación de los partos, las intervenciones innecesarias, la deshumanización y el control de los tiempos acordes a lo "medible" por reloj, sean la moneda corriente, que nos alejan cada vez más de la sabiduría ancestral y de la búsqueda personal, en un momento tan excepcional como es cada parto para cada mujer.

El puerperio es, en general, atravesado por cada mujer en sintonía con el parto que ha vivido. O más precisamente, en consecuencia **al parto del que ha sido víctima**. Este tema lo hemos desarrollado ampliamente en el libro *La maternidad y el encuentro con la propia sombra* (Capítulo 2). Cuando el modelo de intercambio y de asistencia está basado en el maltrato, apenas logramos "salir" de la vivencia concreta, huimos hacia la desconexión. Es lógico. No queremos saber nada más sobre el asunto. **El maltrato produce desconexión.**

Las mujeres queremos creer que si nos instalamos en el "yang", estaremos a salvo. Recibimos dócilmente anestesias para no perder el control, no sentir dolor y estar físicamente dispuestas para el "trámite". Pero ni siquiera vislumbramos que la anestesia duerme rincones ocultos de nuestra alma, que quedarán así escondidos para nuestra conciencia y que aparecerán bajo otras formas incomprensibles para nuestra experiencia alejada de lo trascendente. Dormidas espiritualmente, aunque físicamente despiertas, decimos que el parto "fue bárbaro" porque "fue rápido y sin dolor".

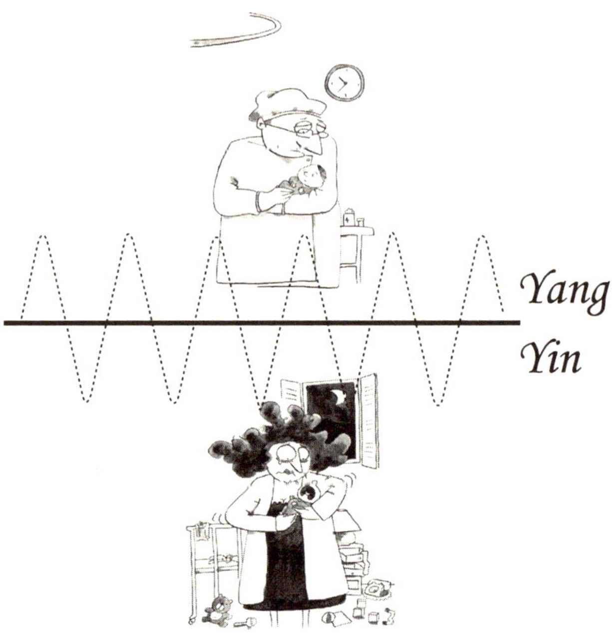

Es muy difícil hablar de "partos libres", ya que en la Argentina son muy pocas las mujeres que han concebido primero la idea y atravesado, después, un parto verdaderamente respetado, acompañado, vivenciado desde el fondo de su ser. No importa si fue mejor o peor, más largo o más corto, a término o "atrasado", en la casa o en la clínica, con más o con menos dolor. Hago hincapié en el encuentro con las partes oscuras de una misma, utilizando lo más poderoso y arcaico al servicio de un pasaje espiritual. Son pocas las que pueden relatar una experiencia de muerte y renacimiento psicoespiritual, donde el cuerpo deja de ser un límite entre nosotras mismas y el cosmos, sintiéndonos bendecidas por la conciencia de nuestra naturaleza divina. Son momentos en que reconocemos que la experiencia es transformadora, uniendo la vida y la muerte en un instante infinito, dejándonos fortalecidas para integrar y conducir la apertura espiritual que anhelamos.

Mientras parimos en libertad y nuestro hijo nace, compartimos un proceso de profunda introspección trascendiendo los límites individuales y conectándonos con el inconsciente colectivo. Así, todos somos uno, somos la totalidad de la especie, somos el antes y el después, somos el nacimiento y la muerte, somos los ciclos de la naturaleza viviente.

En cambio, si el parto fue emocionalmente muy debilitante y confuso por la utilización de anestesias u otras drogas conductistas, la experiencia de la muerte y el renacimiento queda desdibujada sin ninguna cualidad luminosa. Al contrario, se parece más al despertar de una resaca, con mareos y náuseas, con dolores físicos insoportables por cortes en los músculos. En estos casos la recuperación psicológica y la autoestima se superan lastimosamente.

Cuando pensamos en "parto" es importante diferenciar **"dolor"** de **"sufrimiento"**.

A nadie le gusta sufrir. Pero el **dolor** dista muchísimo del sufrimiento. El dolor es necesario para retrotraernos a la interioridad, el dolor nos conduce al "yin". El dolor nos aísla, hace que nos cobijemos en nosotras mismas, nos pide silencio, meditación, búsqueda, trascendencia. Sin dolor, permanecemos conectadas al mundo de la forma, a las palabras, los consejos, las razones, las decisiones y la imagen. **El dolor nos guía hacia las entrañas espirituales. El dolor nos invita al recogimiento.** Las mujeres que logramos implementar una compañía amorosa y atenta durante el parto, atravesamos el famoso dolor sin enloquecer. Y parimos. Y aparece una mezcla de dolor físico con sensaciones orgásmicas. Placer en el expulsivo. Grito primal. Goce en el pasaje del niño por el canal de parto. Alivio. Cansancio. Dulzura. Calidez. Reposo. Sueño.

En cambio, el **sufrimiento** se hace presente cuando los partos son conducidos y las mujeres somos infantilizadas, maltratadas, pinchadas, cortadas, abandonadas, humilladas y tratadas como un cuerpo funcional que tiene la obligación de responder al resultado esperado, léase un cuerpo de bebé sano. Aparece confusamente cuando somos acostadas en posición dorsal (boca arriba) con los pies atados y los genitales al descubierto, recibiendo órdenes incomprensibles y amenazas sobre el tiempo de descuento antes de ser castigadas con una cesárea.

Así, el sufrimiento puede ser insoportable aunque la anestesia borre todo dolor físico.

El sufrimiento aparece con el desconcierto. Con el sometimiento a permanecer ignorantes sobre los temas aparentemente destinados al saber médico. Mezclado con la fascinación que nos produce el hecho que el médico dictamine "seguro que en un rato vas a empezar con las contracciones"... y efectivamente al rato comiencen. Sin enterarnos de que en la consulta obstétrica de rutina, ya muy cercana a la fecha probable de parto, siendo un viernes por la tarde, el médico desliza en el fondo de la vagina durante el tacto de control, una pastillita de prostaglandina que desata las contracciones de manera descontrolada. El parto efectivamente comienza. El profesional se asegura el fin de semana libre. Las contracciones son demasiado dolorosas. Demasiado insoportables. Pedimos a gritos anestesias. Todos esperamos terminar este infierno lo más rápidamente posible. Por suerte, se termina pronto, generalmente con una buena cesárea. Calculada. Premeditada. Limpia. A horario. Creemos que le debemos la vida al médico que nos salvó. En realidad cumplimos con las reglas para vivir en la frecuencia "yang". Ordenadas, puntuales, eficaces y sin desbordes.

La confusión entre "dolor" y "sufrimiento" hace que las mujeres pidamos "anestesia", en lugar de sostén; pidamos calmantes, en lugar de **abrazos y miradas compasivas**; pidamos maquinarias electrónicas de control, en lugar de **escucha y recogimiento**. Pidamos bullicio, en lugar de silencio.

Si los partos se transforman en acontecimientos médicos y sociales, regidos por la lógica de la energía "yang", las mujeres perdemos toda autonomía para sumergirnos en el proceso de encuentro con la propia sombra. Para dicha travesía, se requiere valentía, pero sobre todo el deseo de saber "de qué se trata un parto", adónde nos puede conducir, qué puertas abre, qué tipo de preparación necesitamos, y en qué lado del "mostrador" decidimos situarnos. Desde ya, el tipo de parto que experimentemos, traducirá la calidad que tendremos en el vínculo con el niño recién nacido.

La vivencia del puerperio desde el "yang"

Instaladas en el polo visible de la curva de la vida, el "yang", las mujeres nos acomodamos a dos tipos de expectativas personales: o bien continuamos en la línea de la desconexión con nosotras mismas y con el bebé, atendiendo sólo los aspectos físicos y las necesidades inmediatas y concretas del recién nacido; o bien nos sumergimos en una gran tristeza, que puede ser pasajera o tan desconcertante que nos lleve a una franca depresión.

El "yin" y el "yang" tienen sus respectivas lógicas. Por eso, desde el "yang" podemos interpretar, proponer soluciones con una matemática acorde al tipo de energía visible, concreta y física. La limitación en esta búsqueda es que es incompleta, es decir, que sólo reconoce un aspecto de la totalidad. Por eso, la mayoría de las mujeres atraviesan con grandes dificultades y pérdida de ilusiones el período del puerperio. Porque en esta etapa casi nunca 2 + 2 = 4. Hay otra lógica, que es emocional, que es inconsciente, que responde a energías misteriosas. Para comprenderla necesitamos aprender a descifrar los códigos de la energía "yin", que es distinta: tiene que ver con la historia personal y filogenética, con el futuro de cada madre y la energía que cada niño nacido viene a activar. Responde a los aprendizajes posibles para ese momento vital. Es tan único lo que aparece en el funcionamiento vincular de cada día, que es infructuoso generalizar y, más complejo aún, sistematizar un pensamiento global.

Los profesionales solemos equivocarnos en nuestras apreciaciones al asistir a madres puérperas, creyendo que tenemos que "sacarlas de un pozo emocional" cuando –si reciben la ayuda apropiada– tienen la opción de zambullirse por primera vez a navegar su propio mar. Sostenidas y comprendidas.

¿Qué pasa con el varón, que tiene todo el derecho a seguir funcionando desde el "yang"? Todo depende de los acuerdos concretos o sutiles que la pareja haya sido capaz de construir. Si la comunicación es fluida, si circula la mutua comprensión y solidaridad, el juego de tensiones entre las energías masculina y femenina bailarán al compás de un tango. A grandes rasgos, los varones están ansiosos por interferir en la relación mamá–bebé, para recuperar el espacio perdido con su mujer. Las madres tienden a permanecer en la fusión y alargar los tiempos. Es decir, será necesario buscar el equilibrio entre las pulsiones, los deseos y las vivencias, revisando cómo funcionan en el seno de cada pareja, y se verá si hay que apoyar la intromisión del varón o, al contrario, permitir la introspección femenina y el camino hacia adentro, sin distracciones externas.

En general, es un problema de "tiempos". Los varones pretenden "separar" muy tempranamente, atendiendo egoístamente sus propias pulsiones, en lugar de "ver" la totalidad de la dinámica familiar con la presencia de un bebé en el hogar. Las mujeres muy conectadas con el "yang" suelen acoplarse fácilmente a los requerimientos del varón. Pero pagando un precio carísimo. Esto también se llama sufrimiento, es decir, desconexión del ser esencial. Otras mujeres más conectadas con sus propios aspectos "yin", sufren más conscientemente la "desconexión masculina" de la evidencia del puerperio. Por eso, este tango será bello, si hay dos personas dispuestas a bailarlo... es decir, deseosas de dialogar, decirse lo que cada una necesita, buscar referentes externos e internos, comprenderse mutuamente y ser generosas.

Occitocina y adrenalina (yin y yang)

Michel Odent* llama a la occitocina: "la hormona del amor". Transcribo algunos párrafos: "La occitocina es una de las principales hormonas involucrada en los diferentes aspectos de la sexualidad masculina y femenina. Es segregada por una estructura primitiva del cerebro llamada hipotálamo, guardada en la glándula pituitaria posterior y liberada en el torrente sanguíneo. La occitocina es una hormona capaz de inducir el comportamiento maternal durante la hora que sigue al nacimiento. Durante el acto sexual es liberada por ambos sexos. Su rol en la excitación sexual y el orgasmo es hoy en día indiscutido. Durante el orgasmo las mujeres llegan a niveles más elevados de occitocina que los hombres. La occitocina juega un rol directo en la reproducción".

También sabemos acerca de las modalidades de liberación de occitocina en el transcurso de la lactancia: "(...) Ha sido demostrado que el nivel de occitocina de la madre que amamanta se eleva cuando el bebé hambriento da una señal. Cuando el bebé mama, los niveles

* Odent, Michel, *La cientificación del amor*, Creavida, Buenos Aires, 2001.

de occitocina en la madre son tan altos como durante el orgasmo. La occitocina es la hormona del altruismo".

En contrapartida, disponemos también de la secreción de adrenalina. Michel Odent dice lo siguiente: "Es la hormona de la emergencia que nos da energía para protegernos repentinamente a través de la lucha o la huida. Se pone en juego cuando la supervivencia del individuo es prioritaria. Debido a esto, el parto no puede progresar cuando la madre tiene miedo, no podemos hacer el amor cuando la casa se está incendiando, los granjeros saben que una vaca asustada no da leche".

Durante el puerperio, la comunidad debería proteger a la díada madre-hijo, permitiendo que la madre permanezca en la línea por debajo del horizonte, allí donde la occitocina (hormona "yin") sea segregada a favor del maternaje. En cambio, quienes toman el rol de proteger a la díada (esposo, familia de origen, amigos), son quienes están en condiciones de segregar la adrenalina necesaria para la acción, la actividad, el enfrentamiento y las decisiones. Sentirse protegida es obviamente indispensable para segregar occitocina. Pero esta obviedad no garantiza que la mayoría de las madres puérperas obtengan protección familiar ni social.

Cuando asistimos a una mujer puérpera, tenemos el compromiso de indagar si la situación emocional que está viviendo le facilita la secreción de occitocina, la hormona "yin"; o bien, si tiene sus "antenas" desplegadas para defenderse de los depredadores emocionales, cosa que dificulta el maternaje.

Proyección polar sobre los hijos cuando optamos por la ceguera emocional

Todo este asunto de encontrarse con la propia sombra aprovechando las cicatrices que dejan al descubierto las crisis vitales, suena muy bonito, pero en nuestra vida cotidiana, raramente lo ponemos en práctica. Porque es arduo. Y porque precisa cierta "inteligencia emocional". En definitiva, se trata de **una decisión personal**.

Podemos afirmar que si no estamos dispuestas a observar lo que aparece desde las entrañas de nuestra **sombra**, la proyectaremos sobre lo que tenemos más cerca, en este caso, los hijos. Esta proyección se manifiesta "polarizadamente", como el ángulo de luz, que se abre y ubica dos "polos" o dos "opuestos" dentro del abanico.

En los funcionamientos familiares se traduce reflejado en el "hijo bueno" y "el hijo malo", el inteligente y el tonto, el rico y el pobre, el que se porta bien y el que se porta mal. Si observamos nuestras propias familias o las que conocemos, veremos que muy frecuentemente hay una división "casual" entre la camada de los hijos mayores y los menores, o entre las mujeres y los varones. Los niños conservan "estigmas" desde la infancia: uno es eternamente el niño inteligente, que siempre se porta bien, se casa con una joven adecuada y se queda con el negocio del padre. Por otro lado, está el hermano "vago", que no estudia, se lleva materias a marzo, se dedica a las artesanías y se divorcia tres veces. Les propongo que revisen alrededor (bien cerca) y constatarán con mínimas variaciones dinámicas parecidas.

Por eso los padres tendríamos que trabajar sobre nuestros aspectos ocultos, de lo contrario, los hijos quedan "atrapados" en el torbellino de nuestras sombras proyectadas. Siempre reflejan "una parte de la sombra", es decir, quedan parcialmente identificados, en el polo positivo o en el polo negativo, pero sin poder integrar toda la complejidad de su propio ser. Es decir, somos las madres –en el principio de la vida, aunque luego los padres aportan lo suyo– las que permitimos a nuestros hijos –o no– liberarse de nuestra sombra. Cuanto más ciegos somos los adultos, más laborioso será para esos niños convertirse en adultos libres.

En el caso de hijos mellizos y trillizos funciona de la misma manera: se reparten entre ellos las proyecciones de la sombra de la madre. Es muy interesante el fenómeno, cuando observamos que cada hijo queda **encarcelado** en el lugar que inconscientemente hemos dispuesto para él.

Y este pensamiento va de par con el concepto de **"hermandad"**. Corresponde a los padres fomentarla. (Espero con este pensamiento responder a las consultas por las peleas entre hermanos.) **No hay nadie más "par" que un hermano** (incluso genéticamente hablando). Sólo a partir de la "paridad" que logremos desarrollar, luego seremos capaces de "hermanarnos" con todos los demás.

Para desarrollar la hermandad (y a partir de allí, la solidaridad y el altruismo), los padres debemos **no proyectar en forma polar**, dividiendo nuestras propias luces y sombras sobre dos ejes separados (los hijos que son hermanos entre sí). Es decir, los padres somos responsables de ubicar a uno en la luz y a otro en la sombra desde donde se sentirán muy diferentes y distantes. Lucharán como enemigos. Se sentirán extranjeros, dirán que no entienden cómo puede ser que sean hermanos... y apenas lleguen a la adultez se separarán a partir de cualquier excusa doméstica. **Las peleas entre hermanos son generadas por la polarización proyectada de la sombra de la madre, consensuada por el padre y perpetuada a lo largo de toda la infancia.**

En cambio, si nos hacemos cargo pausadamente de nuestra sombra, integrándola suavemente a partir de cada pequeña crisis cotidiana, no habrá guerras atroces en el hogar. Luego, el mundo librará menos guerras externas. Luego, se instalará la **paz en el mundo**. ¿Es demasiado simple?

Ahora que somos adultos, vale la pena revisar cuáles son los motivos reales por los que vivimos enemistados con nuestros hermanos. Recordar qué mandatos afectivos circulaban por parte de nuestros padres, qué actitudes reforzaban las diferencias en lugar de la cooperación y la solidaridad. Descubriremos interesantísimos funcionamientos sutiles.

Insisto en que somos todos prisioneros de los funcionamientos inconscientes de nuestros padres; que nos toma la vida entera liberarnos y encontrar el camino personal. En ese sentido, para criar hijos, sólo es necesario ser capaz de cuestionarse a sí mismo. Así liberamos a nuetros hijos de nuestra sombra. Sólo entonces se convertirán en seres humanos amados y sostenidos por sus padres. Constituirán una autoestima fuerte. Luego, irán en busca de su propio destino.

Si cada día nos cuestionamos quiénes somos, qué queremos y hacia dónde vamos, nuestros hijos, desde temprana edad, aprenderán a hacerse las mismas preguntas. Así irán detrás de la misión que les corresponde. **No es necesario "aprender" a ser madre o padre, sólo es necesario pararse sobre su propio eje.**

Un niño aprenderá a amar porque fue amado. Sabrá escuchar porque fue escuchado. Será una buena madre o un buen padre porque seguirá su propio camino.

Vivimos alejados de estas situaciones ideales, pero nada cómodas, cuando nuestros padres pasan su vida "quejándose" de todas las desgracias. Necesitamos reaprender que el destino sólo es adverso cuando nos negamos a recorrer el camino que nos corresponde. Que sólo somos libres dentro de la Ley.

Capítulo 4 - La cadena de sostenes

Construir una pareja equilibrada antes de la aparición de los hijos. El varón. Dificultades para constituirse en sostenedor emocional. Otros sostenedores (a falta de varón). Alternativas a pensar. Llegó la hora de la separación emocional. El sostén fundamental.

Construir una pareja equilibrada antes de la aparición de los hijos

Hemos hablado del puerperio y la posibilidad de que ese período venga acompañado de sensaciones aterradoras para la conciencia. Ampliaremos en este capítulo la visión hacia el mundo circundante de la mujer que deviene madre. Comenzaremos por el circuito íntimo, suponiendo que, en la mayoría de los casos, incluye al señor que duerme en la misma cama.

Es importante explicitar que los problemas que aparecen con el nacimiento de los hijos, ya estaban pautados con anterioridad en los acuerdos de pareja. Ahí está el problema. Por eso, revisar qué proyectamos en las personas de quienes nos enamoramos requiere todo un desafío para las mujeres y los varones que pretendemos ser responsables de cada acto de nuestra vida. Vamos a desarrollar aquí conceptos que apelan a la madurez emocional y a la búsqueda de nuestras partes oscuras y temerosas. Sólo comprendiendo los mecanismos que fueron aprendidos en nuestra infancia como único método posible para recibir amor y liberándonos del hechizo que nos provoca repetir indefinidamente dichos esquemas, podremos instalarnos como adultos en el desarrollo de nuestros vínculos actuales.

Voy a plantear, gráficamente, un **"esquema ideal"** para la construcción de un vínculo de pareja equilibrado:

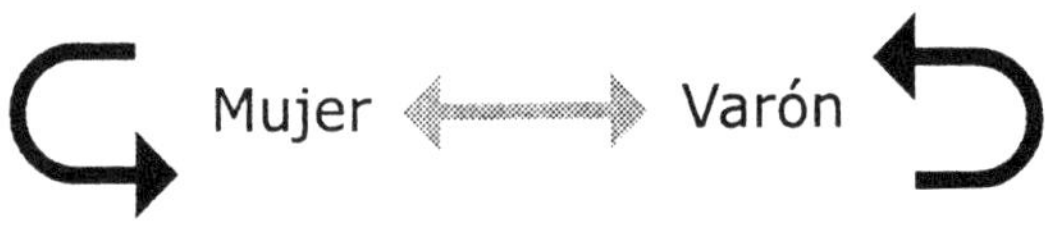

Me refiero al sostén emocional de ida y vuelta. Cada miembro de la pareja se ocupa de sí mismo, pero, además, satisface las necesidades y deseos del otro, apuntando al bienestar y equilibrio de ambos. La "flechita" que se dirige hacia cada "sí mismo" se refiere a los estudios, intereses, amistades, gustos, placeres que cada uno se busca e instala en su vida para su propio beneficio. Y la "flechita" que apunta al otro, es lógicamente lo que cada uno, desde su capacidad, tiene para ofrecer.

Cuando el funcionamiento está "aceitado" y cada uno es capaz de sostener al otro en un fino y delicado equilibrio, al nacer el hijo, la madre puede desviar la atención de sí misma y del varón, hacia el niño. El varón **continúa dentro del mismo mecanismo**, sosteniendo a su mujer. Por eso permanecen unidos, como en el siguiente esquema:

En dicho funcionamiento, el padre **sostiene emocionalmente a la madre que, a su vez, sostiene emocionalmente al niño.** La flecha que va del varón hacia la mujer, ya operaba antes de la aparición del hijo real, por lo tanto no es un "problema" para el padre "sostener" a su mujer. La flecha que apuntaba desde la mujer al varón cambia **transitoriamente** de rumbo hacia el recién nacido, garantizando una **cadena de sostenes** para un maternaje feliz.

Cuando el padre está **unido a la díada a través del sostén emocional a la madre**, queda **involucrado** constituyendo de esa forma la **tríada**. Convertirse en pareja de padres requiere **sostén mutuo**.

Las mujeres solemos **confundir** "sostén emocional" hacia nosotras mismas con "ayuda concreta en la crianza del hijo". Pero son dos situaciones bien distintas. Una madre sostenida puede sostener al niño. Una madre desamparada se "ahogará en un vaso de agua" y reclamará desde la soledad cualquier cosa, en cualquier momento, sin lograr nunca quedar satisfecha. Esto provocará el desconcierto del varón que no sabrá más qué hacer para tranquilizarla. Como en el siguiente esquema:

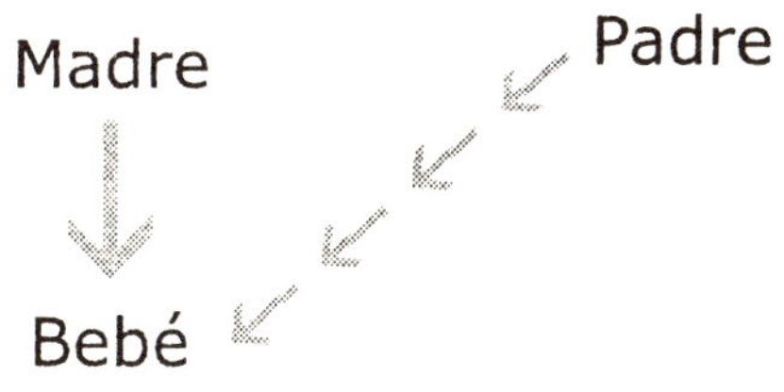

En estos casos los varones cambian los pañales, se despiertan de noche, preparan biberones, **pero son poetas...** La madre desesperada cuenta los días para volver a trabajar, es el sostén económico del hogar, no registra el nivel de estrés que acumula y cree estar recibiendo una ayuda fuera de lo común. Quiero denunciar que hombres y mujeres hemos caído en una gran confusión en medio de la información que circula sobre los "papás modernos". Si un papá cambia un pañal, está muy bien. Pero la **condición excluyente** para un funcionamiento familiar equilibrado, **es la de operar como sostenedor emocional de la madre.**

No es necesario que el padre esté dentro del torbellino emocional, porque no es su función. Al contrario, se necesita alguien que mantenga su estructura emocional intacta, sosteniendo el mundo material ("yang"), para que la madre no se vea obligada a abandonar el mundo emocional en el que está sumergida. **El padre no tiene que maternar, tiene que sostener a la madre en su rol de maternaje.**

Sólo en la medida que **el varón se constituya en sostenedor emocional, el encuentro con la sombra es posible**. Nos atrevemos a zambullirnos si tenemos las espaldas cubiertas, si estamos anudadas a un "arnés", si alguien puede rescatarnos de la oscuridad y del peligro.

Insisto en que el **momento clave** para un futuro de evolución y crecimiento mutuo es el de **los acuerdos conscientes e inconscientes en la constitución de la pareja**. Es allí, durante el enamoramiento, donde hombres y mujeres debemos ser claros con respecto a nuestros pedidos y capacidades. Comprender nuestros mecanismos infantiles, integrarlos y decidir qué aspectos de nuestra sombra estamos dispuestos a madurar, a favor de nosotros mismos y del otro.

Lamentablemente, **la madurez, equilibrio y éxito profesional de una mujer no garantizan la travesía por el puerperio**. Todos estos atributos muy valorizados en el "yang" no definen la estabilidad emocional durante la crianza del niño pequeño. Los aspectos concretos que funcionaban con un orden relativo pierden su estructura. Por eso es el momento de buscar **equilibrio en el otro**. Ahora bien, si ese "ida y vuelta" no fue construido antes del nacimiento del niño, las mujeres quedan fagocitadas por la crisis de pareja.

Sumergirse en las aguas del puerperio se asemeja al oficio de buzo: en el barco queda toda una tripulación con computadoras, "monitoreando" los movimientos, dándole indicaciones que faciliten la búsqueda, avisándole de cuánto oxígeno aún dispone, y simplificándole el regreso. Otros serían los resultados si el buzo decidiera sumergirse solo, sin nadie que le sostenga la cuerda que lo trae de vuelta a la superficie. Sin ninguna mirada atenta y racional que dé respaldo a la aventura. Esa es la diferencia entre atravesar el puerperio **con o sin** el sostén emocional de alguien dispuesto a asumirlo.

Desde el lugar profesional, hay dos sugerencias para los varones emocionalmente maduros (suelo recomendarles que escriban un cartelito y lo coloquen en el espejo del botiquín del baño): antes de salir hacia el trabajo, cada mañana, es su deber preguntarle a la mujer: 1) "¿Cómo estás?" y 2) "¿Qué necesitas de mí hoy?". Es sencillo.

Sin embargo, la mayoría de los varones retoma su quehacer laboral, se baña y afeita cada mañana, desayuna y se va exactamente a la misma hora de siempre "como si nada hubiera sucedido". Asimismo, supone que nada de lo que acontezca en su ausencia le incumbe y que su mujer, eficaz como siempre lo fue, podrá arreglarse sola con el bebé. **Es falso.** Un varón que se va como siempre, está sacando el ladrillo necesario para **provocar el derrumbe**. ¿Acaso tiene que modificar su rutina? No. Tiene que preguntarle a su mujer **qué necesita de él, hoy, aquí, ahora**.

Sin un varón sostenedor, la mujer puérpera se verá obligada a permanecer en el afuera, en el "yang", en la vida social, la conexión con las ideas y el raciocinio, la tensión de ganar dinero, la organización mental, segregando adrenalina. **Entonces la sombra vuelve a su sombra.**

De esta manera perdemos una preciosa posibilidad de apertura y conocimiento interior. De cualquier modo, esta "sombra" aparecerá en el cuerpo del niño.*

El varón

Si consideramos el puerperio como un largo período de franco desequilibrio emocional, será necesario imaginar "una cadena de sostenes" que hagan posible dicha travesía. Pensaremos en primer lugar qué significa **la presencia del varón**, ya que hoy en día lo consideramos primordial dentro de la estructura de la familia nuclear. Para pedirle sostén (económico y emocional), intentaremos describir qué necesitaría adquirir o desarrollar dentro de sí para lanzarse a tan difícil tarea, o bien con qué valiosas situaciones se benefician muchos de ellos sin darse cuenta. En otras palabras: ¿quién lo sostiene a él?

1. Prioritariamente el varón necesita contar con su **propia estructura emocional** que, en principio, no fue devastada por la erupción del volcán interior después del parto. Sin heridas físicas ni psíquicas, equilibrado e íntegro, emocionado y conmovido por la presencia del niño, esperamos que haya conservado intactas sus capacidades intelectuales y su conexión con el mundo. Esa estructura emocional que puede ser sólida o frágil, maltrecha o fortalecida, ha sido construida desde la infancia y es su principal bastión para enfrentar las crisis vitales. En definitiva, cuenta con lo que ha logrado construir dentro de sí, que se mantiene inalterado.

* Ver en: Gutman, Laura, "Las enfermedades de los niños como manifestación de la realidad emocional de la mamá", capítulo 7, en *La maternidad y el encuentro con la propia sombra*, Del Nuevo Extremo, Buenos Aires, 2003.

2. El **trabajo** suele ser su mejor sostén. En algunos casos es un lugar donde se gesta su identidad. También le ofrece una posición social, cierto prestigio y el poder que otorga el dinero. Es allí donde es reconocido por sus aptitudes físicas o intelectuales. Es una esfera personal a través del cual se reconoce a sí mismo, donde desarrolla sus inquietudes, su autonomía y su disponibilidad. Es su punto de contacto seguro con el mundo exterior.

3. Generalmente cuenta con una realidad pequeña, pero poderosa: **¡el tiempo de ocio!** Esos diez minutos que se toma para leer tranquilamente el diario y que resultan tan envidiables para la puérpera que ¡aún no encontró la ocasión de ir al baño! La media hora que dispone para jugar su partido de tenis, el tiempo riguroso que dedica a su aseo personal, su siesta (que puede ser causa de divorcio en período puerperal), en fin, la autonomía y libertad que se otorga independientemente del nacimiento del niño, que ha alterado sustancialmente el ritmo cotidiano de la madre, pero que apenas molesta al varón en las noches interrumpidas por el llanto del recién nacido. **El ocio es un sostén fundamental** para el equilibrio emocional del varón, y es indispensable recordar que en la familia es el único acreedor de tan valioso beneficio.

El **tiempo** se constituye en un bien muy preciado, por eso es tentador para un grupo de mujeres quejarse conjuntamente de estos temas tan banales como el tiempo que los varones se otorgan para leer el diario, ir al baño y... ¡cerrar la puerta!, decidir salir a pasear al perro ¡sin avisar!, comer sin levantarse de la mesa, dedicar media hora a la ducha matinal, mirar una película sin interrupción o dormir la siesta. Estos pequeños actos cotidianos se convierten en ventajas excepcionales a los ojos de la puérpera devastada por el sueño, el cansancio y la pérdida de identidad.

4. Es pertinente, además, llevar a la conciencia de hombres y mujeres, la lujuria de sostenes sociales que los varones reciben por el solo hecho de ser lo que son: **varones en un mundo masculino**. Desde esa posición, recordemos que los varones están en sintonía

permanente con la frecuencia "yang" y que la presencia del bebé no modifica la red vincular, ya sea con su "afuera" o con "su ser interior".

5. Por último, si la pareja ha sido construida sobre la base del equilibrio y la satisfacción de las necesidades de ambos, el varón es sostenido por el **vínculo de amor** que lo une a la mujer que dio a luz.

Hoy en día circulan ideas confusas sobre qué significa ser un "buen papá". Que haya presenciado el parto, lo adelanta unas cuantas posiciones en el *ranking* de padres modernos. Las mujeres cuyos compañeros no se atrevieron a ingresar a la sala de partos, viven con vergüenza este hecho. Algo así como retroceder varios casilleros en el "Juego de la Oca". Por eso, nos desconcertamos cuando, a pesar de contar con un "papá moderno que nos acompañó en el parto", nos sentimos ahogadas y desamparadas con el niño en brazos. Porque no es allí donde se juega el funcionamiento del sostén. Es en el conjunto de acuerdos y posiciones entre el "yin" y el "yang" que podremos sumergirnos en la complejidad del puerperio. Dependemos de nuestros respectivos niveles de madurez emocional. Y de la capacidad de construir sostenes equilibrados y generosos.

Dificultades para constituirse en sostenedor emocional

Lejos de la teoría y más cerca de todos esos señores comunes y corrientes que se convirtieron en esposos y padres de nuestros hijos, trataremos de dilucidar qué nos pasa en realidad. Es decir, vamos a definir si el varón que tenemos al lado es o no capaz de sostenernos emocional y económicamente; o si está ubicado en un **lugar infantil desde el cual cree haber sido abandonado**.

Los roles que cada uno asume en el funcionamiento del vínculo de pareja, se establecen inconscientemente desde la constitución de la misma, es decir, mucho antes del nacimiento del niño.

Dando crédito a mi experiencia profesional, constato dos modalidades muy frecuentes:

1)

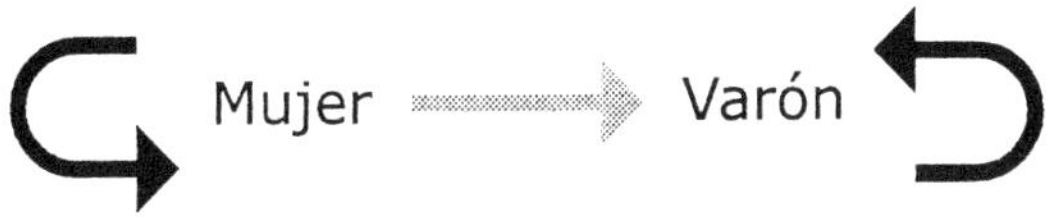

En este esquema, que se construye durante el noviazgo o la convivencia sin hijos, la mujer suele hacerse cargo inconscientemente de las necesidades emocionales, afectivas, vinculares y, a veces, económicas del varón. Pero esto no es incómodo ni llamativo, ya que cada uno conserva sus espacios individuales (estudio, trabajo, relaciones personales, intereses intelectuales o artísticos, salidas, etc). Comúnmente este "sostén" de la mujer hacia el varón se traduce en ayudarlo a estudiar para recibirse en la facultad, cultivar una relación amable con los padres de él –más de la que él mismo establece–, ocuparse de los hijos de su primer matrimonio, acomodar sus obligaciones a los horarios del varón, estar pendiente de sus estados emocionales; sin jamás percibir que esta actitud "llena" la relación y, por ende, no aparece ningún reclamo ni necesidad en la mujer que el varón deba satisfacer. La vivimos como una pareja perfecta.

¿Qué sucede después?

Cuando nace el primer hijo, la mujer no cuenta más con "la flechita dirigida a sí misma", también retira el sostén hacia el varón, ya que necesita toda su energía disponible para el maternaje. El esquema de funcionamiento que consecuentemente establecen sin darse cuenta es el siguiente:

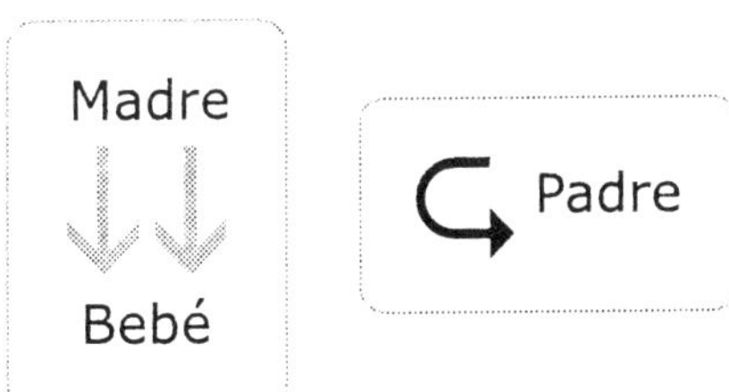

Intento demostrar que con la aparición del bebé demandante, la mujer **retira el sostén hacia el varón** –que era la modalidad constituida anteriormente– para guiarla hacia el hijo que debe criar. También **retira el sostén que se autoprodigaba**, utilizando ese tiempo y energía para ocuparse del niño. De esta manera casi automática, el padre queda **excluido de la díada**. Peor aún, la madre subsiste sola, **sin sostén para la crianza del niño**.

Este funcionamiento produce insatisfacción e infelicidad para todos: el padre se siente solo, celoso, abandonado e inútil. La madre se siente sola, desamparada, agotada y ocupada con menesteres propios del puerperio.

2) En otros casos, no menos frecuentes, se establece el siguiente esquema:

Cuando previamente la pareja estaba constituida sobre la base del sostén emocional exclusivo de la mujer, el varón suele quedar muy infantilizado. Luego, frente a la presencia del niño se acentúa el funcionamiento, estando la mujer obligada a sostener por igual al marido infantil y al niño real. Es comprensible el desamparo inconsciente de la madre puérpera y el desconcierto del recién nacido desplazado del lugar merecido de atención exclusiva.

Estos casos (nombro los más extremos para mayor comprensión, aunque no son exagerados) suelen traducirse en varones que no trabajan o no ganan suficiente dinero para sostener las necesidades económicas de la familia, con lo que obligan a la puérpera a continuar con su trabajo inmediatamente después del parto. A veces el varón emocionalmente infantil se enferma (incluso gravemente) durante el puerperio. O han decidido mudarse a una casa a refaccionar a los ocho meses y medio de embarazo y requiere la atención de la puérpera para ayudarlo en las peleas con los albañiles, electricistas, plomeros y gestores, mientras se acerca la fecha del parto entre el polvo y el desorden reinantes. En ocasiones, el varón decidió justo en ese momento abandonar la empresa del padre para "independizarse" laboralmente y necesita mucha comprensión, sostén y ayuda concreta de la mujer en el período de transición hacia su emprendimiento personal. Otras veces sencillamente se deprime porque no hay trabajo. Manda "currículum vitae" por mail, pero nadie le responde. También hay varones que se accidentan, y la puérpera corre entre el hospital y los horarios de las mamadas. En fin, las historias son reales y recurrentes, es decir, muy poco originales. Más allá de la realidad del accidente o la mudanza, hay un sistema de vínculo donde la mujer continúa en el lugar de sostenedora emocional. Si previamente no supo organizar dentro de la pareja una estructura emocional que le permita sumergirse en las aguas del océano puerperal, sufrirá las consecuencias.

Hoy en día, los padres ignoran casi todo respecto al rol paterno, arribando a esta realidad con el mismo nivel de orfandad que muchas mujeres llegan a la maternidad. Cuanto más "huérfano" emocional se haya constituido en adulto, más impedimentos internos tendrá para proteger y sostener el hogar. Frecuentemente quedará "afuera" de la escena, desplazado en el amor, solo y reclamando atención desde una vivencia infantil, pero abrumadoramente real.

Los varones que desean cuestionarse sobre el desarrollo de su **masculinidad en la constitución de la familia**, necesariamente tendrán que desmenuzar la capacidad de sostener emocionalmente a los demás; revisar sus mandatos, experiencias vitales y carencias. Y, desde allí, dialogar con su interior, en busca de madurez y riqueza espiritual para compartir. Ese es mi punto de vista femenino.

Otros sostenedores (a falta de varón)

Vamos a analizar los casos en que existe un marido real, pero no está en condiciones de constituirse en sostenedor emocional, por las razones que sean, y los casos en que sencillamente no hay varón.

Es imprescindible comprender con qué se cuenta en realidad, para saber qué es lo que se puede pedir, acordar o construir. Es independiente de lo que nos gustaría o de lo socialmente correcto. A veces, la madre cuenta con un compañero que está presente físicamente, que tiene la intención de ser solidario, que es amoroso y amable en el trato; pero es necesario comprender cómo han construido los acuerdos tácitos de la pareja, revisar el funcionamiento histórico, nombrar con palabras y verificar si alguna vez ha sido sostenedor de algo o alguien. También hay innumerables casos en que las madres no tienen vínculo de pareja con nadie: madres solas, separadas o divorciadas, mujeres que han quedado embarazadas de relaciones ocasionales, etc.

Hay mujeres que cuentan con familias donde el sostén se constituye naturalmente: abuelas o abuelos muy presentes, que ofrecen ayuda económica o, incluso, que cuidan directamente a los niños. A veces, hay una hermana que actúa como sostén, un grupo de amigas solidarias, o una red laboral que equilibra la soledad y la resolución de problemas domésticos.

A veces, ante el hecho concreto de que no hay varón, resulta más sencillo encontrar sostenes alternativos. Porque la mamá "se sabe a sí misma" sola. Si reconoce su soledad, puede pedir ayuda. Por otra parte, la sociedad la "piensa" como madre sola. Y ofrece lo que tiene. En cambio, en los esquemas que hemos visto, donde el varón es sostenido en un lugar infantil, la madre no se percibe a sí misma desamparada y para el afuera es también muy complejo "imaginar" a la madre necesitada, ya que aparentemente tiene un marido bueno, cariñoso y bienintencionado.

Cuando la madre vive sola con el niño pequeño, generalmente organiza o paga alguna ayuda doméstica. Una tía del niño se compromete los jueves a ocuparse de él. El jefe de la oficina se torna especialmente solidario porque sabe que es "madre sola". Las amigas se organizan los fines de semana, la invitan a reuniones y le preparan los cumpleaños. Lejos de ser una situación ideal, rescato sólo el hecho de que la "soledad" es clara para todos, principalmente para la madre.

En cambio, cuando la familia nuclear funciona en forma desequilibrada –con un varón presente que no ofrece sostén– la madre no registra su extrema soledad y se derrumba sin comprender el porqué. Raramente se da cuenta de que necesita un sostén indispensable para el maternaje, **no sabe qué le falta, por lo tanto no lo puede pedir**.

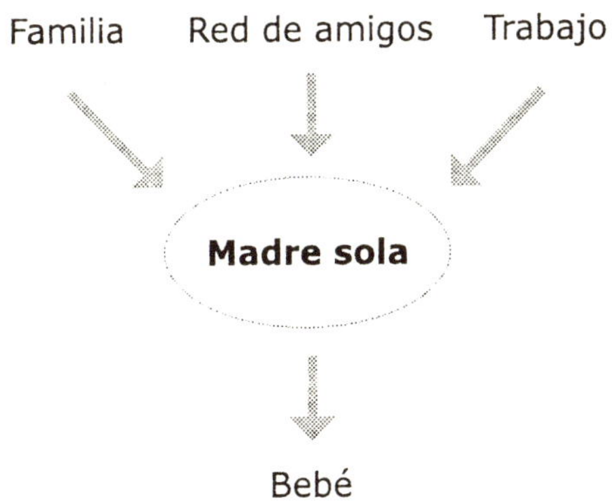

Este es un "mapa" equilibrado, aunque no nos guste.

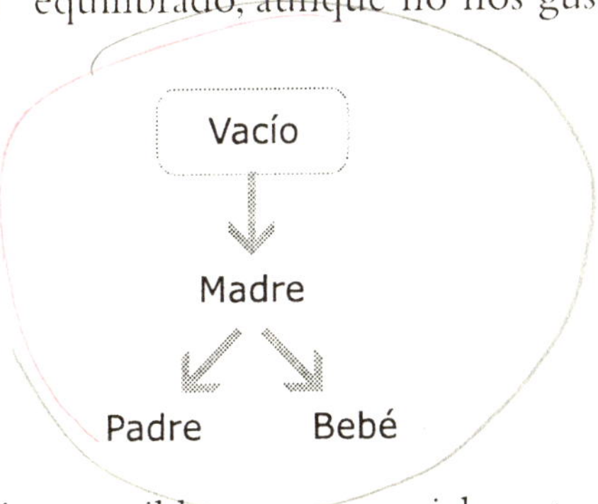

Este es un "mapa" insostenible, aunque socialmente más aceptado.

Creo que el puerperio es mal momento para diseñar modos diferentes de vincularse. En cambio, suele ser un momento de crisis que muestre el desequilibrio del vínculo construido con anterioridad. Por eso, es oportuno mirar todo el mapa de funcionamiento. Y tener paciencia, sabiendo que en plena crisis no se modifican las estructuras, sólo dejan de ser funcionales.

Alternativas a pensar

Desplegando la imaginación, despojándonos de prejuicios y mandatos, hay una serie de alternativas que las mujeres deberíamos pensar a favor de la crianza de los niños y de las travesías más felices por los puerperios. Personalmente, creo que la mejor opción cuando no hay varón o no hay varón sostenedor, es la **red de mujeres**. Guardo en el fondo de mi corazón la certeza de haber sido diseñados como especie de mamíferos para vivir en comunidad, en tribus, en aldeas. Con un esquema parecido al siguiente: conjunto de mujeres criando niños. No importa cuántos ya que **una sola madre** no logra criar **a un niño**. Pero **cinco madres juntas** pueden criar a **cien niños**. El secreto está en el conjunto, en la solidaridad, la compañía y el apoyo mutuo. Los varones proveen (van a cazar) y llevan con ellos a los niños mayores.

Constato reiteradamente que una mamá y un papá son demasiado pocos para criar a un niño. Generalmente están sobrepasados por la demanda del hijo. Esta situación genera un descreimiento en las capacidades maternantes y paternantes, iniciando en los adultos una espiral de creencias falsas y lastimando la autoestima. Sobre todo, cuando en el mundo "yang" somos especialmente inteligentes, resolutivos y concretos. Creo que el verdadero problema es el régimen que hemos adoptado de **familia nuclear**, que probablemente rinde buenos frutos económicos, pero es un sistema "antiniño" y "antipuérpera".

Allí reside la dificultad para engendrar niños, para amamantarlos prolongadamente, incluso para sumergirnos en la energía "yin" del puerperio. Imaginar sostenes posibles para navegar las tormentas del puerperio y aprender de nuestros propios torbellinos, es **la verdadera revolución** y puede ser el inicio del camino de conocimiento hacia el "sí mismo".

¿Acaso estoy formulando que la pareja no es importante o que los hombres no sirven? No, en absoluto. Quiero dar especial importancia **al funcionamiento equilibrado en la pareja para que el maternaje sea posible**.

¿Qué sucede en los casos en que hay varios niños? ¿Cómo se sostiene, quién sostiene a quién, hasta cuándo?

Si además del bebé, los otros niños son mayores de dos años, el esquema equilibrado es el siguiente:

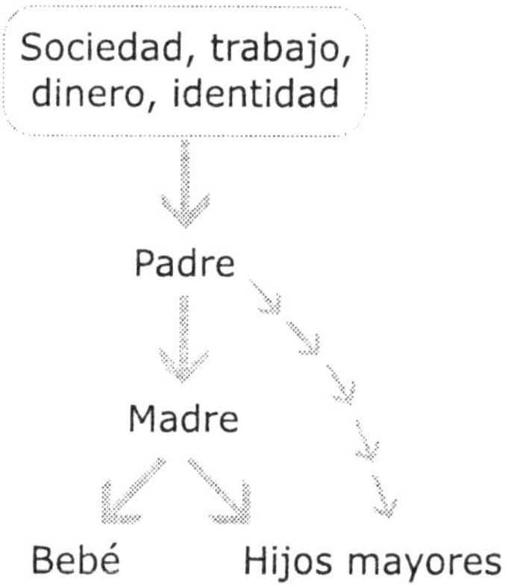

Cuando los hermanos mayores ya están dentro del proceso de separación emocional, permanecer junto a la "mamá-bebé" es poco atractivo y cualquier ofrecimiento del padre o persona afectivamente ligada para "hacer actividades" fuera del hogar es bienvenida. Los papás suelen sentirse especialmente cómodos cuando un hijo se convierte en "grande" frente al nacimiento de un bebé y encuentran tareas concretas para realizar junto a él. Si el nacimiento se produce cuando otro niño es menor de dos años, es más complicado. En esos casos, la mamá está aún fusionada con ese niño. Se multiplica su dedicación, pero, sobre todo, su desdoblamiento emocional. No hace falta recalcar que el sostén externo es más imprescindible aún.

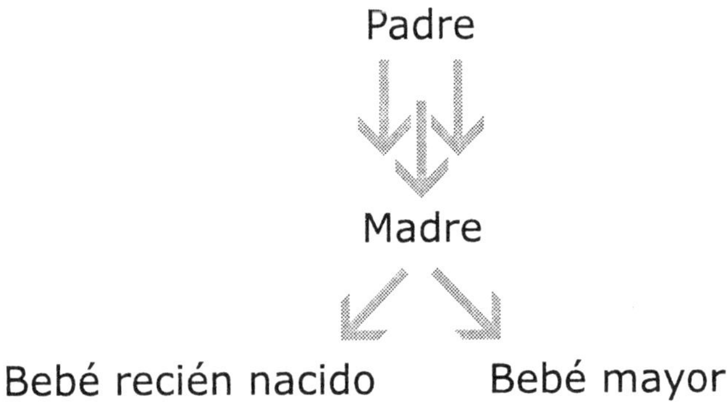

Los varones suelen reconocer que disfrutan del intercambio con los hijos cuando "ya se puede conversar con ellos". Es importante comprender que tiene que ver con la esencia y la energía del género masculino. Es el "yang": ir a la oficina, ir a cargar nafta, lavar el auto, hablar con el plomero, ir a un museo de ciencias. **La separación es "yang". La fusión es "yin".**

Las mujeres deberíamos aceptar la conveniencia de acomodarnos a la energía esencial de cada uno. Los varones logran cambiar pañales y hacer dormir a los niños si disponen de mucha energía femenina... pero en esos casos ellos están acomodados en el "yin" y las mujeres, sin darnos cuenta, nos transportamos al "yang". Así, nos perdemos el puerperio y el encuentro con la propia sombra. Todo tiene su precio.

¿Puede la pareja crecer a partir del nacimiento del hijo? En mi experiencia profesional, depende del nivel de conciencia y comprensión mutua con el que se haya construido ese vínculo. Si la cooperación mutua ha sido la base, posiblemente la presencia del niño fortalezca el compromiso de ambos. En cambio, si el sostén es muy desequilibrado (mujer sostenedora emocional y varón infantil), el nacimiento del niño resquebraja la relación sin que nadie comprenda qué está sucediendo en realidad.

En nuestra sociedad occidental e industrial, el modelo de familia nuclear es lo que tenemos. Nos toca aprender a cumplir con roles que sean beneficiosos para el desarrollo emocional de cada uno. Soy testigo de los desajustes emocionales de los que somos víctimas las mujeres (por falta de apoyo, comprensión y solidaridad social) y, obviamente, los niños pequeños, que dependen casi exclusivamente del equilibrio emocional de la madre. Trabajar a favor de **estructuras emocionales sostenedoras y sólidas, es construir el futuro de la sociedad**.

Llegó la hora de la separación emocional

¿Hasta cuándo se supone que el varón tiene que sostener a su mujer? ¿Cuándo retornamos a la normalidad?

Alrededor de los dos años del niño. Cuando se inicia el proceso de **separación emocional** entre la madre y el niño. Básicamente cuando el niño puede nombrarse a sí mismo, decir "yo".*

El esquema ideal, que sería conveniente retomar alrededor de los dos años del niño, es el siguiente: la madre inicia también su propio proceso de separación emocional, vuelve a invertir energías en intereses personales, trabajo, ideas, proyectos. Tiene algo de tiempo disponible. Se ocupa del niño, pero también de sí misma... y también del hombre que tiene a su lado (vuelve la "flecha" de la mujer hacia el varón). Por su parte, el niño ya concurre a un jardín de infantes o tiene algún tipo de actividad específica, se vincula con otras personas. El varón, a su vez, se relaciona **directamente** con el niño, sin mediación de la mamá. Fluye la disponibilidad.

* Ver en: Gutman, Laura, óp. cit., capítulos 5 y 6.

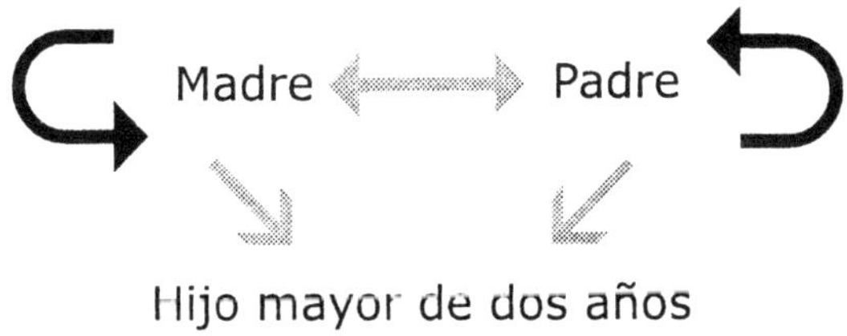

Hacia esta "normalidad" queremos todos regresar. Paradójicamente, con la energía otra vez disponible, las mujeres solemos quedar otra vez embarazadas... ¡y vuelta a empezar!

En un esquema de funcionamiento equilibrado, el varón se puede constituir en un buen **separador emocional** cuando, previamente, ha sido un buen **sostenedor emocional**. El rol de separador lo ejerce naturalmente si es un hombre maduro, pero, sobre todo, si **ama a su mujer y desea recuperarla**. No estamos poniendo el énfasis en: "cómo ser un buen papá", sino en "qué deseo como hombre". En definitiva, estamos velando por una práctica saludable de la vida en pareja.

¿Qué pasa cuando no hay varón y sentimos fehacientemente que necesitamos a alguien que nos "separe" de la fusión emocional, cuando el niño tiene más de dos años?

Suelo recomendar a las madres –un poco en broma, un poco en serio– ¡que busquen un buen amante! Un sujeto de amor. Si no lo consiguen... hay alternativas que tienen que ver con los intereses genuinos de cada mamá: un trabajo que le resulte importante, actividades sociales, intereses políticos, artísticos, creativos, ciertas amistades, proyectos, estudios, búsquedas personales, etc. En la medida que no se trate de una madre emocionalmente abusiva –es decir, que retenga al hijo para su propia satisfacción– la tendencia la hará girar hacia el interés por el mundo externo y el reencuentro con esa mujer que era antes del nacimiento del bebé.

Es una vuelta natural a la energía "yang". Por ejemplo, cuando una madre le explica a su hijo: "Para mí es muy importante mi clase de bioenergética, así que aunque llores te voy a dejar en el jardín de infantes. Es mi turno, necesito ocuparme de mí". En este caso, el interés o la necesidad de la sesión de bioenergética funciona como "separador emocional".

Me parece indispensable en el trabajo profesional de asistencia a madres puérperas o con niños pequeños, traer a la conciencia con qué clase de **separadores emocionales se cuenta.** Y lo que no hay, es necesario procurarlo, o inventarlo.

La tendencia femenina apunta a la fusión. Las madres nos quedaríamos eternamente acurrucadas en una campanita de cristal junto al bebé... Si no hay varón, o separador alternativo, sólo contamos con nuestra comprensión y nuestra capacidad de escuchar las necesidades del niño de "salir" de la fusión.

Prestemos atención a los tiempos reales. **Fusión, los dos primeros años. Separación, desde los dos años en adelante.**

El camino que cada mujer emprende en su búsqueda personal, se constituye también en un formidable separador del niño. Cuando nos cuestionamos con total sinceridad, cuando nos importa por sobre todas las cosas nuestro propio desarrollo humano; estamos trazando el camino que es, a su vez, el principal sostén en la crianza del hijo. Esto es válido tanto para el período puerperal como para toda crisis vital.

Sería maravilloso que el puerperio nos encontrase con el mayor entrenamiento posible en este "mirarse a una misma". Si llevamos una vida más consciente, si nos hacemos cargo de nuestros dolores, angustias, tristezas y pérdidas, lo que aparezca no será tan temible. Posiblemente ni siquiera nos sorprenda, sino que lo estaremos esperando con ansiedad y dicha. Para decirlo de otro modo: si somos personas interesadas en conocer e integrar nuestros aspectos sombríos, si nos enfrentamos a nuestra madre interna y nuestro padre interno, si comprendemos nuestras emociones, nuestros deseos insatisfechos... nada de lo que acontezca durante el puerperio nos dejará estupefactas.

Ahora bien, si al convertirme en madre ingreso por primera vez en un pensamiento sutil, obviamente la sorpresa será nefasta. Dedicar nuestra vida al cuestionamiento profundo nos permite integrar nuestros dragones invisibles, por un lado; y, por otro, decidir hacia dónde apuntamos nuestra brújula de vida. ¿Hacia dónde nos dirigimos? ¿Qué tenemos para aportar a la humanidad? ¿Cuál es nuestra misión? **Decidir, al menos por un instante, hacia dónde vamos**, es también **un sostén**.

Una crisis vital tan compleja como el puerperio no deja lugar para la ingenuidad. Es la **actitud aniñada** lo que convierte este tránsito en un período tan sufriente.

Durante el embarazo podemos creer que criar un hijo será como jugar a las muñecas, pero luego **sólo la mujer** adulta que vive en nuestro interior podrá entrar en vínculo con el bebé real. En definitiva, se necesita una gran madurez emocional para engendrar y parir un hijo.

El sostén fundamental

Centradas en nuestro propio eje podemos mirar nuestra luz y nuestra sombra. Desde la verdadera luz y la verdadera sombra estaremos en condiciones de hacer los pedidos adecuados a las personas adecuadas. Pedidos reales, genuinos. Buscarlos donde sea posible. **No donde infantilmente nos gustaría.** En lugar de quejarnos o de proyectar los problemas en las deficiencias de los demás, es necesario tener claro qué vínculos somos capaces de construir desde el eje adulto. Luego vendrán los acuerdos y los acercamientos a las necesidades de cada uno.

El sostén fundamental es el **equilibrio entre el dar y el recibir**. Las mujeres necesitamos aprender este equilibrio, ya que hemos sido educadas en la hipervaloración de la generosidad, pero solemos confundirla con la omnipotencia. Dar mucho sin recibir nada a cambio es intoxicante. En cambio, la armonía que fluye entre dar y recibir se constituye en sostén.

Aunque nos parezca extraño, a muchas mujeres nos resulta más arduo hacer pedidos. Creemos que no vale la pena pedir, porque difícilmente responderán a nuestras demandas. Sin embargo, tenemos que prestar especial atención al modo: los pedidos tienen que ser formulados en primera persona del singular: "yo". Nos encantaría que los demás "adivinasen" lo que nos pasa (como un bebé que espera que su madre interprete sus necesidades), pero así es como entre los adultos se generan los "malos entendidos". "Yo necesito", "yo quiero", "a mí me gustaría", "a mí me da miedo", "tengo dificultad para", explicitan deseos o sentimientos inequívocos, que el otro podrá comprender si tiene un mínimo de interés.

El problema es que podemos **hacer pedidos sólo en la medida que sepamos lo que nos pasa**. Y lo que nos pasa **actúa mucho más en nuestra sombra que en nuestra luz**. Por eso, el pedido verdadero proviene del encuentro con la propia sombra. Pero para tener el coraje de **provocar ese encuentro necesitamos sostén**.

Ese sostén puede buscarse en la asistencia de un profesional adecuado y entrenado él mismo en dichas exploraciones. Un buen profesional guía, pregunta, anuda y engancha el "arnés" mientras indica el camino menos peligroso. Luego "monitorea" la inmersión. Y permanece atento. Esa es toda la tarea –cuidadosa y experimentada– de un profesional sabio y responsable.

En nuestros oficios, tenemos una renuente tendencia a dar consejos, creyendo conocer las soluciones para los demás. Pero el verdadero aprendizaje está en el **tránsito** de las situaciones vitales que nos toca atravesar. En particular, el puerperio merece el apoyo y el sostén de muchos "arneses" ya que es un período de franco desequilibrio emocional. **El puerperio no se puede transitar sola.** Por eso hablo de **cadena de sostenes.**

Constituida la cadena de sostenes: varones, red de mujeres, trabajo, terapeuta, médico, astrólogo, profesor de yoga, grupos de crianza, "doula", etc; harán que el tránsito sea posible. Pero es indispensable "saber" que estoy sumergiéndome en un período de tormenta "yin", sólo entonces sabré lo que necesito, haré los pedidos adecuados, intentaré no tropezar en mayor desequilibrio emocional, e intentaré que el dolor del alma sea soportable. Y si me equivoco o me caigo, habrá allí en el mundo de las formas, muchas manos aguerridas sosteniendo cuerdas invisibles y mágicas.

Casi todas las peleas matrimoniales se plasman por la incapacidad de saber y luego expresar lo que nos pasa. Sabemos acusar: "Porque vos sos...". Allí se genera la guerra (desde la más doméstica hasta las terribles guerras entre pueblos, naciones y continentes). En lugar de decir: "Lo que pasa es que yo...", actitud que genera la escucha y el comienzo de la comunicación.

Por ejemplo, mujer puérpera esperando a su marido:

Modalidad uno

"Vos me dijiste que ibas a venir a las seis de la tarde y mirá la hora que es".

El varón responde:

"¡Las seis o las seis y cuarto es exactamente lo mismo! ¿Acaso no sabés cómo es el tránsito en esta ciudad? ¡Me pasé el día trabajando y me recibís así!". Discusión. Rencor. Soledad. Desamparo.

Modalidad dos

"**Yo** necesitaba que vinieras a las seis de la tarde. Sólo saber que estás por llegar me mantiene en pie. Pero a las seis y un minuto me derrumbo, siento que enloquezco de desesperación. ¿Qué podemos hacer?"

Suena diferente. Y por sobre todo, el otro no es acusado, por lo tanto estará dispuesto a escuchar. Y, con suerte, a proponer alguna solución potable para ambos.

Hablar en primera persona es un ejercicio que podemos practicar si de verdad estamos plantados sobre nuestro eje. También si recibimos apoyo para formularnos las preguntas esenciales. Como en un círculo virtuoso, si recibimos un sostén emocional adecuado, estaremos conectadas con nuestro ser esencial, que nos permitirá hablar con las manos en el corazón de lo que nos pasa, y favorecer la solidaridad, al menos dentro de la pareja.

Construir dentro de nosotros sostenes confiables y plasmarlos en la vida cotidiana junto a las personas que amamos, sea tal vez el secreto para un puerperio venturoso.

Capítulo 5 - Las "doulas"

Mi visión. Los Grupos de Crianza. Las "doulas". El caso Jimena y la atención de la "doula". El proyecto "doulas". El puerperio como hilo conductor. Algunas reflexiones después del atentado a las Torres Gemelas del 11 de septiembre de 2001.

Mi visión

Deseo narrarles la visión personal que hace muchos años escribí en una hoja de papel violeta y que cada tanto reaparece traspapelada en los cajones de mi escritorio, entre apuntes, notas, números telefónicos, agendas, bolígrafos y fotos de mis hijos.

Un día quise dejar escrito con claridad cuáles eran las prioridades a desarrollar en mi vida. Constato que los años pasan y esa visión que describí sigue siendo actual, es decir, hoy en día apuntaría exactamente lo mismo: "Además de amar y dedicarme a mi familia, deseo que en mi ciudad, Buenos Aires, y en mi país, la Argentina, nazca una conciencia entre las mujeres. Esa conciencia grupal ayudaría a que cada mujer encontrase autonomía, claridad y apoyo para hacer su búsqueda personal en cuanto a la vivencia de sus embarazos, partos, puerperios, la crianza de sus hijos y el funcionamiento familiar previo y posterior a la aparición de los mismos".

Quiero que se forme una conciencia colectiva que lleve a la mayoría de las mujeres a integrar los Grupos de Crianza como lugares de identidad y referencia. De un modo similar a como ingresó en la conciencia colectiva de las mujeres la preparación sistemática para el parto: de hecho, toda mujer embarazada busca una preparación en este sentido. Y la encuentra. Ya sea buena o regular, arancelada o gratuita, privada o pública, dictada por parteras o por profesores en el área del trabajo corporal. Hace algo más de una generación, las mujeres embarazadas sólo acudían a los controles obstétricos. Hoy, todas saben que hay lugares específicos para hacer preguntas, informarse sobre el embarazo y la calidad del parto, relacionarse con otras embarazadas y vivir grupalmente un proceso psicofísico particular. Este fenómeno de diversidad de propuestas de preparaciones para el parto, existe gracias al aporte de unas pocas profesionales que hace unos treinta años trabajaron para que finalmente las mujeres reconozcamos que estos lugares son "especiales" para transitar el embarazo.

De la misma manera, espero que en pocos años, cuando las mujeres se encuentren con el bebé real, tengan integrado a la conciencia la necesidad o la conveniencia de acudir a un Grupo de Crianza para buscar apoyo específico para este tránsito; que circule en el **inconsciente colectivo femenino** que el **puerperio** merece un lugar de identidad específico. Para esto será necesario que más profesionales se especialicen en la atención de madres puérperas, en el tema de lactancia, de crianza y de funcionamientos familiares. Entonces funcionará un Grupo de Crianza en cada barrio, en cada pueblo, en cada rincón del país. Estarán al alcance de la mano. Las mujeres irán al encuentro de sí mismas y a encontrarse con pares. No unas pocas, sino el conjunto de mujeres con bebés en brazos. Resultará natural: si una mujer tiene un bebé, apenas esté en condiciones de vestirse y salir de casa, irá al Grupo de Crianza más cercano a buscar apoyo, comprensión, solidaridad y algo de identidad perdida.

Los Grupos de Crianza

Hoy en día los Grupos de Crianza funcionan en horarios y lugares fijos. Hay Grupos en la ciudad de Buenos Aires y en algunos lugares de la Zona Norte del Gran Buenos Aires. Las madres concurren habitualmente una o dos veces por semana, acompañadas por sus bebés o niños pequeños si así lo desean. Los Grupos están coordinados por una profesional, egresada de la Escuela de Capacitación de Crianza.* En ese ámbito las madres encuentran sostén, apoyo, escucha, solidaridad, comprensión, compañía, pensamientos reveladores. También comienzan a formar parte de una red invisible de mujeres. Y, por sobre todo, encuentran un lugar de referencia y de reconstitución de la identidad perdida. Cada Grupo busca su propia dinámica para funcionar, constituyendo vínculos autónomos y cariñosos entre las participantes.

Quiero recalcar que las mujeres suelen llegar asustadas, perdidas y con la sensación de no estar haciendo nada bien. Pero en los Grupos escuchan que "lo que les pasa, les pasa". No se las juzga. No se las cuestiona. Nada de lo que les pasa "no debería pasarles". Lo que les provoca sufrimiento o confusión será motivo para hacerse preguntas, para indagar en su vida emocional. Se las ayudará a construir su biografía humana y se intentará traducir las antiguas novelas infantiles en una mirada adulta sobre la propia historia. Se integrará al intercambio espontáneo entre las participantes, también recibirán buena información sobre los riesgos de navegar el puerperio en los mares del "yin" y sostén concreto para que cada mujer inicie el recorrido hacia el encuentro con su propia sombra, a veces traída a la luz a través del relato "inocente" de otra madre. Es muy frecuente que las madres que participan aunque "no tienen ningún problema en particular", sin darse cuenta sean tocadas en un punto inocuo –a causa de una anécdota en un relato cualquiera– que fragiliza y derrumba lo que creían haber construido con tenacidad. Esto pasa. Porque

* Institución que dirijo en la Zona Norte del Gran Buenos Aires.

todos somos luz y sombra. Cuanto más fortalecidas creemos llegar a un Grupo de Crianza, posiblemente más necesitadas estemos.

Por supuesto, no adherimos a ningún sistema ni método del estilo "cómo criar a tu hijo sano en diez pasos". No. Sólo hay apoyo para la búsqueda de cada ser esencial. Y respaldo para que surjan los escenarios ocultos que necesitan desplegarse. Seguramente no encontraremos nada totalmente desconocido. En general, tenemos alguna sospecha sobre los hilos que mueven nuestros funcionamientos y deseos íntimos.

De cualquier manera, es pertinente comprender que cuanto más **"oceánica"** es la vivencia, más desesperadas estamos para encontrar una "forma", un límite, una estructura que nos calme. Por eso las librerías están llenas de libros que aconsejan a las madres y a los padres sobre "cómo criar a los hijos". Esto es comprensible, justamente por la **inmensidad de la experiencia sin bordes**. Pero estamos proponiendo exactamente lo contrario: **un arnés para bucear sin peligro**. No una guía sobre "cómo aprender a bucear en tres lecciones y cazar exitosamente un tiburón".

Tenemos la sensación de estar bien informadas, ya que es mucha la información que circula en diarios, revistas y televisión sobre temas de maternidad y problemáticas cotidianas con los hijos. Pero, sinceramente, casi toda esa **información es nociva**, ya que nos hace perder el eje, la autonomía en el pensamiento y la búsqueda personal.

Trabajar a favor del encuentro consigo misma en el período tan crítico como el inicio de la maternidad, tiene un lugar vacante, que los Grupos de Crianza comienzan a ocupar. Pero siempre trabajarán sumergidos en el "yin", o sea que los "resultados" seguirán siendo "invisibles" para los demás.

Desde el punto de vista de un profesional de la salud, es muy difícil encarar un modo de trabajo donde los resultados no siempre son tan concretos y cuantificables. Esta es una postura ideológica. Podemos ser psicólogas, terapeutas, psicoanalistas, pediatras, *counsclors*, parteras, preparadoras para el parto, profesoras de yoga o meditación... si deseamos especializarnos en el área específica de las mujeres puérperas, necesariamente tendremos que adentrarnos en nuestros propios agujeros emocionales, enfrentarnos a nuestra sombra para experimentar la navegación en la frecuencia "FM". No podemos acompañar la navegación de Otro si no hemos experimentado la propia. Entonces sabremos que lo "visible" desde el "yang" no representa ningún éxito. No significa nada. No tiene correlato con lo que deviene trascendente. Lo ideológico tiene que ver con que hemos abandonado el mundo de las formas y hemos accedido al mundo de lo sutil. Allí se habla en otro idioma. Se intercambia en otro código. Y se espera otro tipo de "resultados".

Las "doulas"

Cuando regresé a Buenos Aires en el año 1988 después de doce años de exilio en París, empecé a desarrollar la **atención de las madres puérperas a domicilio**. Deseaba nombrarme a mí misma "doula". Esta palabra –según he podido averiguar– proviene del hindi, y significa **"mujer experimentada"**. Yo deseaba acompañar a las madres recientes y guiarlas en la nueva labor de maternar al recién nacido. Sin embargo, este nombre resultaba demasiado exótico para una época en la que la sociedad insistía en continuar siendo pacata. Las mujeres que contrataban mis servicios estaban orgullosas de ser atendidas por una psicopedagoga clínica "recién llegada de París". En ese entonces no pude imponer el nombre "doula".

En cambio, en Estados Unidos ya habían ingresado la palabra "doula", porque nombra una tarea muy específica. A decir verdad, allí ha tenido más éxito la "doula" que acompaña a la mujer **durante el parto**. Es quien la asiste emocionalmente, la atiende, está totalmente a disposición de la parturienta, independientemente de la tarea de la partera o el personal médico. También cuentan con escuelas específicas para las "doulas", y aunque especializan a algunas "doulas" para atender a las puérperas, ellas realizan esta tarea durante el primer y segundo día después de producido el parto, es decir, sólo el período que la parturienta permanece en el centro de atención médica.

Finalmente, años más tarde, en Buenos Aires decidí **desarrollar institucionalmente la profesión de la "doula"** para asistir a las mujeres durante el puerperio (según mi punto de vista, los **dos primeros años** después del nacimiento del bebé), **a domicilio**.

Lo que intento es integrar al **inconsciente colectivo femenino** la necesidad de contar con un apoyo maternante exclusivo para el primer período desde la aparición del niño. Para ello, organicé un "Equipo de Doulas", todas profesionales egresadas de la Escuela de Capacitación de Crianza que realizan visitas a domicilio, asistiendo a las madres puérperas en todo lo relativo a la desestructuración emocional acaecida después del parto.

¿Qué cosas tienen que pasar para que una mujer se anime a solicitar una "doula" a domicilio?

Cosas bastante comunes: por ejemplo, que sea el segundo día en la clínica después del nacimiento del bebé. O cuando regresa a casa después del parto. Cuando cuatro días más tarde el varón retoma su trabajo. Si se siente indefensa o temerosa por nada en especial. Si el bebé llora mucho y no lo puede calmar. Si tiene cualquier tipo de inconvenientes con los pechos. Si tiene ganas de llorar. Si se siente desconectada o irritable con el bebé. Si se siente sola. Si no sabe a quién hacerle preguntas. Si se angustia. Si no encuentra recursos para sentarse a jugar con sus hijos mayores. Si se culpa por no estar haciéndolo bien. Si está desbordada. Obviamente, si tiene mellizos o trillizos (incluso si cuenta con una nurse, o varias). Si el día es muy largo estando sola. Si no tiene interlocutores que den crédito a sus percepciones. Si los hijos mayores la reclaman desmedidamente cuando se ocupa del bebé.

Si las noches se parecen al infierno. Si le diagnosticaron una depresión puerperal. Si las personas que la quieren le recomiendan que retome rápidamente su trabajo para "ponerse bien". Si el marido llega cada vez más tarde a casa. Si sencillamente está deprimida.

Ahora bien, desde que el mundo es mundo, las mujeres han parido y criado hijos sin "doulas", y casi todas sobrevivieron. ¿Acaso hay mujeres tan ineptas que sin "doulas" no sean capaces de hacer las cosas correctamente? ¿Por qué serían acreedoras de tanto lujo?

En los umbrales del siglo XXI, las mujeres exitosas o simplemente inteligentes creemos disponer de recursos suficientes para atender a un bebé. Cuanto más vivamos en el mundo "yang", más desértico nos resulta el mundo "yin". Por eso, una "doula" a domicilio no es un lujo, es una prioridad que todas las mujeres merecemos, ya que un niño pequeño depende del equilibrio emocional de su madre. A lo largo de la historia, las mujeres hemos construido sostenes posibles que nos garantizan suficiente contención para la crianza de los niños. Ingresar con comodidad en el mundo externo no nos facilita la fusión ni la comprensión de los mundos sutiles. En realidad, estamos más huérfanas que nuestras abuelas en muchos casos. Si bien cada mujer reacciona en forma diferente durante el puerperio, **una mujer bien sostenida está en mejores condiciones de sostener a su bebé**.

La "doula" **interpreta la "experiencia interior"** de cada madre, avalando todos los cambios invisibles y **traduciendo al lenguaje corriente la experiencia del puerperio**. No se trata de ayudar con el bebé, ni de ofrecer buenos consejos, sino de **acompañar la zambullida en el universo "yin"**.

Desde ya, también espero que el oficio de "doula" ingrese en el inconsciente colectivo femenino. Que las mujeres "sepamos" después de parir que merecemos naturalmente llamar y solicitar una "doula" a domicilio, para que nos abra las puertas a los Misterios de la Maternidad y despierte en nosotras la intuición ancestral, la sabiduría y el regocijo de la transformación.

La "doula" representa de esta manera al arquetipo de "La Gran Madre". Su principal función es la de **maternar a la madre** para que, entonces, pueda **maternar a su hijo.** Creo que las "doulas", como institución, pueden convertirse en un sostén fundamental para las mujeres del siglo XXI. Este es el esquema que propongo dentro de la cadena de sostenes:

Doula

↓

Madre

↓

Bebé

En este gráfico, si el padre está ubicado en un lugar sostenedor, mejor. Si hay amigas, familia comprensiva, experiencia de vida, mejor. Si la madre sólo cuenta consigo misma (sigo refiriéndome al sostén emocional), la presencia de la "doula" es indispensable. Les relataré un caso para explicar concretamente el trabajo que realizan.

El caso Jimena y la atención de la "doula"

Jimena me escuchó hace unos años en una conferencia. Al poco tiempo vino a consultarme. Tenía un hijo, Tommy, de tres años. Ansiaba tener otro bebé, pero conservaba recuerdos muy dolorosos de su puerperio. Se recordaba a sí misma deprimida, llorando a más no poder, sola en casa y pensando en la posibilidad de dejarse morir. Iniciamos un trabajo terapéutico que duró un año y medio. Revisamos toda su historia familiar: ella describía a su propia madre como un ser con muy poca capacidad para mirarla, que incluso en ese momento le retiraba cualquier tipo de ayuda cuando Jimena se encontraba "necesitada". Es decir, era una señora que aparecía con comida para su nieto o con regalos, pero si Jimena le pedía un favor, siempre encontraba una excusa para negarse a satisfacerla. También revisamos los contratos inconscientes matrimoniales: había elegido un marido débil, con poca personalidad, sometido a sus propios padres, el estilo "sí, querida". Jimena había trabajado toda su vida y se constituyó en el sostén económico del hogar. Después de la "depresión puerperal" que sufrió a partir del nacimiento de Tommy, decidió abandonar su empleo fijo, dedicarse a la crianza de su hijo y emprender un proyecto laboral independiente, que le daba mayor movilidad de horarios, aunque menos estabilidad en el ingreso de dinero. Allí se puso de manifiesto la "debilidad" del marido. Este fue el mapa que tracé en la primera consulta:

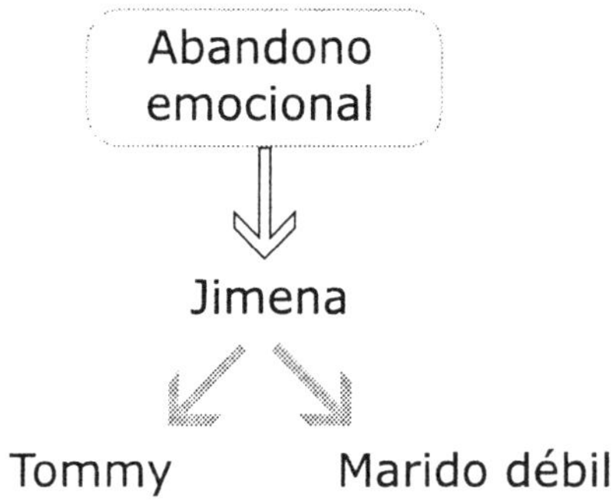

Para empezar, no era un mapa muy alentador. Jimena sólo sostenida por el abandono emocional de su infancia, sosteniendo a su vez a su hijito y a su marido. Les sugerí algunos encuentros de pareja con el propósito de focalizar las potencialidades dormidas de Néstor (el marido), proponiéndole que se posicionara en un lugar más sólido, que se cuestionase sobre sus propios deseos, que encontrara su eje y, desde allí, lograra operar mejor en la familia. Por su parte, a Jimena no le resultaba nada fácil perder "poder" y "mando" en el vínculo, pero era necesario ejercitarse si deseaba tener otro bebé en mejores condiciones. Hubo algunas modificaciones respecto a decisiones y acciones de Néstor y, en consecuencia, en el funcionamiento de pareja. Al poco tiempo trazamos juntos el siguiente mapa:

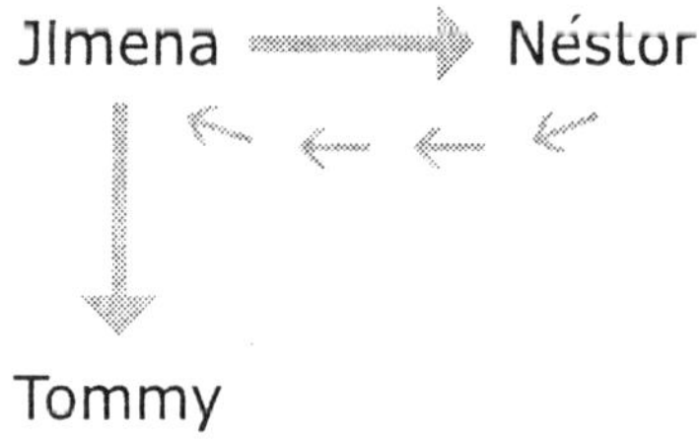

Después de un año, Jimena finalmente se embarazó. Yo confiaba en que el próximo puerperio sería diferente. Ya que Jimena estaba aprendiendo a pedir ayuda, a delegar tareas, a permanecer en un sitio un poco más femenino. Tuvo un parto relativamente bueno. Nació una niña y la nombraron Teresa. Al poco tiempo Jimena se fragilizó nuevamente, envuelta en temores desproporcionados. Perdió el sentido común para manejarse con la beba y literalmente se derrumbó. Néstor a su vez "cayó" en su fragilidad habitual.

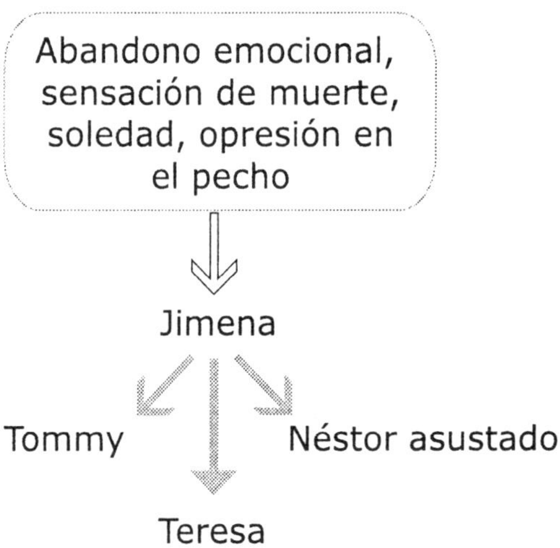

Jimena comenzó casi sin darse a cuenta a tener dolores en el pecho. Una angustia que la aterrorizaba. Tenía la sensación de estar muriendo.

Quedarse sola cuando su marido se iba a trabajar le producía un pánico indescriptible. Pidió presencia a su madre, quien, obviamente, en ese momento se enfermó. Se instaló claramente una depresión puerperal. Tenía a mano al médico psiquiatra que la había medicado cuatro años atrás. Alcanzó a llamarme por teléfono y relatarme brevemente la situación.

A esta altura yo conocía a fondo su historia. Su madre siempre le contaba orgullosa a Jimena que cuando nació, ella se la llevó consigo todo el primer año a la panadería donde trabajaba. Pero la dejaba en un moisés debajo de un armario. Horas. Y más horas. Lo que nos resulta difícil a los adultos es comprender que en **la fusión emocional se plasma la vivencia propia, con la vivencia del bebé nacido, con la vivencia del bebé que hemos sido**. En otras palabras, **se le activó la sensación de muerte**, real desde la vivencia del bebé que ha sido abandonado bajo un armario. Un bebé no sostenido, no tenido en brazos, no amamantado, no satisfecho, es un bebé con **vivencia concreta de muerte**.

Tuve la certeza de que esto ya no se resolvía intelectualmente. Es más, no había nada para resolver. Había un viaje para atravesar en mejores condiciones. Le propuse entonces enviarle una "doula" para no estar más sola, para estar con "mamá". Al principio se indignó: "¿Cómo no voy a ser capaz de estar sola en casa?". Pero la realidad demostraba que se derrumbaba a las nueve de la mañana, cuando el marido se iba a trabajar. No podía levantarse de la cama, ni, obviamente, hacerse cargo de los dos niños.

Mi idea era volver a "transitar" la historia, rebobinar la película, recrear imaginariamente el moisés debajo del armario donde, a cada rato, una mamá buena la levanta, la mima, la amamanta, le da de comer y la mira. Quise que una "doula" llegara cada mañana antes de las nueve de la mañana y le hablara, la acompañara, la quisiera y la maternara. Jimena estaba fusionada con su beba Teresa, pero también con el bebé que ella había sido.

Doula

↓

Jimena - Beba Teresa - Beba Jimenita (fusión)

↙ ↘

Tommy Marido débil

Así comenzaron su trabajo dos "doulas" que repartieron los días para asegurarle a Jimena una permanencia diurna completa, complementándose en los horarios. La "doula" de turno la maternaba; de esta manera Jimena "sanaba su niña interna" (como se acostumbra decir hoy en día) y lograba levantarse, estar contenta, maternar a Teresa y ocuparse de Tommy, con sus cuatro años y medio y sus múltiples actividades.

Este es el trabajo de la "doula". No hace falta aclarar que Jimena no fue medicada y que atravesó este período con lucidez y fortaleza. ¿Fue doloroso para ella? Sí, claro. Revivió e interpretó muchas historias pasadas, aunque encontró en las "doulas" unas personas increíblemente solidarias, amorosas y comprensivas de su particular historia. No le cuestionaron nada, no supusieron que Jimena "debería ser capaz" de nada en particular; sólo la comprendieron y estuvieron presentes durante casi un año.

Creo que la "doula" representa, en su máxima expresión, la cadena de sostenes a la que hago referencia, porque su función es específica y está debidamente capacitada. Por otra parte, la mujer que deviene "doula" frecuentemente lo hace reparando viejas heridas y puerperios traumáticos, de modo tal que cada vez que asiste a una mujer puérpera, se sana a sí misma por todo el sostén no recibido.

La "doula" representa el "arnés" que nos colocamos para saltar al precipicio o para sumergirnos al fondo del océano. La "doula" dice:

"Podés saltar, podés sumergirte, yo te sostengo las espaldas, la cuerda es gruesa, no hay peligro". La "doula" es la madre que tenemos, la que hubiéramos querido tener, la que soñamos, la que nos cuida por sobre todas las cosas. Sin cuidado, sin sostén, no es posible cuidar a otro. Es una cuestión de equilibrio.

La visita de la "doula" es indispensable cuando la mujer puérpera ni siquiera logra sacarse el camisón o moverse sola con el bebé en la calle. Una vez que la mujer adquiere autonomía, las "doulas" le recomiendan integrarse a un Grupo de Crianza, donde multiplicará en la red de mujeres los apoyos necesarios y donde cada mujer se fortalece por la ayuda que le proporciona a las demás.

El proyecto "doulas"

Toda mujer puérpera merece una "doula". Muchas mujeres, profesionales y no profesionales, desean devenir "doulas". Dentro de mi ambiciosa "visión", crece el movimiento de mujeres especializándose, profundizando en la problemática de las experiencias de fusión emocional y vivencia de los estados regresivos. Imagino cada vez más "doulas" capacitadas ofreciendo asistencia. Imagino luego un "SOS DOULAS", o un "0800-doulas", o cualquier otro sistema creativo que les permita a las mujeres disponer fácilmente de este servicio. Porque no se trata de un lujo, sino de una necesidad básica de cada madre puérpera. Si anhelamos una humanidad más amable, dependemos de mejores madres, y para ello de mejores sostenes, de mayor comprensión y disposición para acompañar con conciencia y sabiduría estos tránsitos.

Creo que es un buen regalo para hacer a una amiga que acaba de dar a luz: en lugar de llevarle un osito de peluche, ofrecerle una visita de "doula" a su casa. Ya está sucediendo y funciona. Sobre todo, porque las madres recientes no registran la necesidad o creen no ser merecedoras de ayuda. Pero cuando abren su corazón con la "doula" en casa, ya no quieren más despertar sin estar seguras de que la "doula" regresará.

Cada puerperio transitado sin angustia, sin peligro, con acompañamiento, comprensión y sostén, será generador de salud para nuestros hijos.

Quisiera hacer referencia a un pasaje citado por Michel Odent.* Se refiere al protoevangelio de Jacques le Mineur. Este evangelio fue salvado del olvido a mediados del siglo XXI por el místico austríaco Jacob Lorber, autor de *La Infancia de Jesús*. "Según estos textos, José partió a la búsqueda de una partera. Cuando regresó, Jesús ya había nacido. Cuando la deslumbrante luz se atenuó, la partera se encontró ante una escena increíble. ¡Jesús ya había encontrado el pecho de su madre! La comadrona exclamó entonces: '¿Quién ha visto jamás un niño que apenas nacido tome el pecho de su madre? Es el signo evidente que este niño al convertirse en hombre, un día juzgará según el Amor y no según la Ley!'."

El puerperio como hilo conductor

El puerperio de cada mujer aparecerá indefectiblemente cuando revisemos en el transcurso de cualquier trabajo terapéutico la biografía humana. Ese puerperio olvidado, negado, sufrido, puede constituirse en un hilo transparente donde se enlaza toda la vida emocional de esa persona, comprendiendo así la lógica de los acontecimientos de la mujer que consulta.

La maternidad es un camino hacia adentro. Las grietas que se abren para siempre dentro de la experiencia de la maternidad, nos dejan como saldo un gran espejo. Este sigue latiendo y reflejando sus matices, a pesar del transcurrir de los años. Las mujeres que han atravesado

* Odent, Michel, óp. cit.

puerperios muy sufrientes, los llevan muy escondidos en el corazón, y apenas rozan con algún recuerdo que las traslade a la época de oscuridad y locura, el corazón explota.

Por eso, creo que la experiencia del puerperio tiene que salir de las sombras, aunque cada mujer lo viva muy guardada y escondida en su propia cueva emocional. **El puerperio es asunto de la comunidad entera.** Las "doulas" tienen una función para ejercer, sobre todo nombrando dicha función y desde allí nombrando cada sentimiento "absurdo", desproporcionado o incomprensible de la madre reciente.

Cada "doula" tiene la obligación moral de recorrer el camino invisible del hilo conductor, desde los recuerdos más antiguos que la mujer asistida pueda actualizar (me refiero al propio nacimiento, o incluso antes, a su árbol genealógico emocional, a su infancia, su adolescencia, su madurez, sus elecciones de amor, etc.). **A partir de cada madre puérpera que se encuentra a sí misma, el mundo entero se encuentra.** Cada "doula" que asiste a una puérpera, se sana a sí misma y sana a todas las mujeres. Cada palabra de apoyo, es una palabra de paz y de bienvenida al niño. Hoy, más que nunca, necesitamos "doulas" para que las madres se encuentren a sí mismas, siendo autónomas en sus elecciones, decidiendo según sus más íntimas creencias y criando a sus hijos según el ser esencial, divino y único que vive en su interior.

Algunas reflexiones después del atentado a las Torres Gemelas del 11 de septiembre de 2001

Impactada por las noticias, bajo un "schok" emocional frente a la pantalla de la televisión, escribí estas líneas unos días después de los atentados:

¿Quiénes eran y cómo eran las mamás de esos hombres que abordaron los aviones para matar y morir? ¿Quiénes eran y cómo eran las mamás de los hombres poderosos del planeta, como George Bush o Collin Powell? **¿Los habrán amamantado**, los habrán parido con sostén, rodeadas de personas amorosas? ¿Los habrán tenido "a upa"? ¿Los habrán acariciado, los habrán mirado? ¿Acaso fueron capaces de dormir con ellos, sosteniéndolos toda la noche, inundándolos de leche? ¿Habrán tenido el sostén familiar suficiente para liberar occitocina y dejarse fluir, repletas de sentimientos amorosos? ¿Los habrán mimado? ¿Habrán llorado de emoción sin secarse las lágrimas? ¿Habrán podido reconocer sus debilidades y frustraciones frente a los pedidos desmedidos de sus hijos?

¿Cómo sería el mundo si cada uno facilitara a su hermana, su amiga, su paciente, su vecina... a que simplemente sea libre para derramar al mundo sus gotas de amor? ¿Qué pasaría si el amor prevaleciera en las salas de parto? ¿Si dejáramos de dar indicaciones a las madres puérperas? ¿Si les diéramos sólo confianza y estuviésemos disponibles para lo que necesitaran? ¿Cómo sería el mundo si la comunidad no echara a las madres a trabajar tempranamente? ¿Y si los varones no fueran tan demandantes para satisfacer sus necesidades sexuales genitales como prioridad? ¿Estaríamos todos matándonos unos a otros?

¿Cómo sería el mundo si la comunidad toda priorizara la tranquilidad en el vínculo entre las madres y los recién nacidos? ¿Si nos diéramos cuenta de que esa es la cuna de todas las potencialidades del individuo? ¿Si supiéramos que el amor que un bebé recibe de verdad de su madre sostenida y calma, le ofrece la capacidad de amar a sus semejantes durante toda su vida? ¿Cómo funcionaría una sociedad donde los vínculos primarios fueran considerados la fuente del futuro armonioso y solidario? ¿Habría guerras sanguinarias? ¿Acaso las mujeres van a la guerra? ¿Cómo sería una sociedad donde los principios femeninos fueran puestos en lugares visibles y fueran tan tomados en cuenta como los principios masculinos? ¿Cómo sería el futuro si los bebés fueran todos amamantados durante años, si las madres no fueran expulsadas de los hogares, si pusiéramos la creatividad y el amor al servicio de todos?

Creo que facilitar los puerperios de las mujeres, aceptarlas con el desequilibrio emocional que trae implícito, nos permite hacer una verdadera prevención a favor de la Paz Universal. Me parece terriblemente sencillo. Cada uno tiene que empezar en su propia casa. Los varones teniendo la intención de observar. Las mujeres teniendo el coraje de enfrentarse a sus propios demonios.

Parte 2

Dinámicas familiares

Capítulo 6 - La familia nace con el primer hijo

La familia nace con el primer hijo. Organización vincular frecuente en la pareja y desequilibrio posterior. Los pedidos desplazados. Motivos por los cuales generamos estos mecanismos. Organización vincular de la pareja esperable y equilibrio posterior. Volver a ser. El caso Lorena. El caso Susana. El caso Violeta. El caso Manuela.

La familia nace con el primer hijo

La aparición del recién nacido, el quiebre emocional que esto produce en la madre, la travesía por el puerperio, la pérdida de referencias de identidad y, sobre todo, el cansancio, ponen en evidencia ciertos funcionamientos dentro de la pareja que repentinamente se vuelven intolerables cuando antes eran festejados o bienvenidos.

Resulta que con el nacimiento del hijo, de pronto, nos hemos convertido en... ¡familia! Y cada uno "hace lo que puede", es decir, respondemos a modelos vinculares arcaicos mientras procuramos no morir en el intento. Lo que trataremos de demostrar en este capítulo, es que la etapa de "enamoramiento" parece muy lejana y paradisíaca, añorada desde la imposibilidad de calmar al niñito que ruge desde su moisés dorado. Ojerosos y de mal humor, ambos padres tratan de recordar qué fue lo que los enamoró del otro.

¿Por qué? ¿Acaso con la llegada de los niños se acaba el amor?

No. Sencillamente las modalidades de **funcionamiento de los vínculos afectivos corren por un carril y el amor, por otro**. Como las vías del tren, que no se juntan, pero donde hay una, en paralelo necesariamente está la otra. Ingenuamente pensamos que es necesario cuidar el amor, pero creo que es más complejo cuidar los **acuerdos inconscientes**. Dichos funcionamientos pueden luego sostener o, al contrario, perjudicar el amor entre dos personas.

Los roles que encarnamos en el emparejamiento con el otro, ya sea de comprensivo/a, sostenedor/a, riguroso/a, simpático/a, divertido/a, trabajador/a o lo que sea, responden a modelos vinculares que seguramente nos benefician de algún modo.

Me voy a referir especialmente a las familias configuradas en mujer sostenedora-varón sostenido, dándole una peculiar importancia, porque me llama personalmente la atención la cantidad de mujeres que se mueven con mucha más soltura en los ámbitos "yang". Este fenómeno ha dejado sin referentes incluso a los varones. Tengo curiosidad por comprender por qué hoy en día encuentro tantos varones emocionalmente débiles, con muy poca capacidad masculina para proteger, defender y alimentar a su familia. Y mujeres exageradamente sostenedoras que, obviamente, se derrumban después del nacimiento de los niños.

Personalmente, creo que las mujeres durante el siglo XX hemos perdido bastante terreno con respecto al cuidado y la protección que merecemos. Nos hemos emancipado laboral, social y económicamente... pero en los vínculos afectivos rara vez nos creemos dignas de cuidado, atención y protección. Al menos eso es lo que constato diariamente en mi consultorio terapéutico. Ahora somos mujeres todopoderosas, que trabajamos como los varones –incluso más–, somos inteligentes y emprendedoras, somos "sexys", hacemos el amor como los dioses y, para colmo, parimos a nuestros hijos. Luego nos hacemos cargo de ellos, solas o acompañadas, mientras crece nuestra omnipotencia contra viento y marea. En la vorágine de responsabilidades, necesidad de dinero y horarios escolares... ¡el varón siente que ya no es amado! Lo planteo con cierto humor, con el propósito de revisar los esquemas que las mujeres hoy en día construimos antes de la aparición de los hijos, y la realidad que luego estamos obligadas a afrontar en el vínculo con los varones. Por eso, creo que es menester estudiar los vínculos **cuando se inician**, porque allí residen los acuerdos no dichos y las fantasías proyectadas en el otro.

Organización vincular frecuente en la pareja y desequilibrio posterior

Hemos dicho en capítulos anteriores que, con suma frecuencia, las mujeres y los varones nos enamoramos organizando el siguiente esquema vincular:

Según este gráfico, tanto la mujer como el varón conservan "flechitas hacia sí mismos". Me refiero a la disponibilidad para sus propios estudios, trabajo, afectos, amistades, intereses artísticos, culturales o sociales, con lo cual cada uno satisface su propia vida. Pero, además, la mujer se ocupa emocionalmente del varón (la flechita que va desde "ella" hacia "él"). Lo acompaña a las reuniones donde socializa con la familia de él, ayuda en la corrección de su tesis para presentar en la universidad, se adecua a sus horarios, se hace cargo de los hijos del primer matrimonio de él, cocina, lo atiende, se fija en todos los detalles que puedan agradarle, etc. Así funcionan las parejas con relativo equilibrio y mucho amor. La mujer se siente bien, porque ella procura autónomamente satisfacer sus propias necesidades y ambos disponen de suficiente tiempo para el placer. Para el varón es una situación cómoda y para la mujer es suficientemente feliz.

¿Qué sucede cuando nace el primer hijo?

Toda la energía disponible que la madre usaba en beneficio propio y a favor de su pareja, **se desvía hacia el maternaje**, el cuidado, la atención y la permanencia que requiere un niño pequeño. El gran quiebre sucede cuando ese vínculo (flecha) existía en la medida que la mujer sostenía emocionalmente al varón, pero ahora se desvía y lo deja "desamparado". Lo vemos en el siguiente esquema:

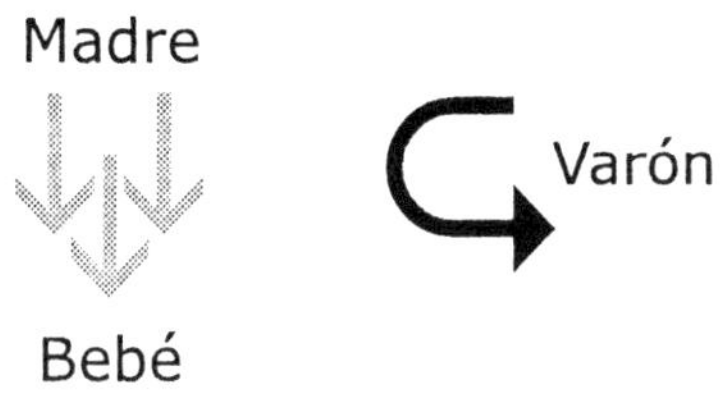

Como vemos, la dedicación de la madre es total. La energía femenina disponible es enteramente consumida por el bebé. El padre se siente –y efectivamente está– solo, es decir, fuera del vínculo. La madre no cuenta con ayuda ni sostén por parte del varón, ya que ese sostén no fue construido previamente en la pareja. La madre pierde su identidad, su tiempo libre, sus estudios o trabajo, sus relaciones sociales, sus intereses personales y también pierde al marido, porque no hay "flecha" que los una a ambos. El varón continúa ocupándose de sí mismo, a veces se ocupa mucho más tiempo, ya que al no haber "flecha" que lo una a su mujer, se siente solo y expulsado. Graciosamente recomienza todas las actividades que había abandonado: juega tenis los lunes, se encuentra a cenar con los amigos del secundario los martes, toma clases de inglés los miércoles, juega al golf los jueves y los viernes contesta los e-mails atrasados.

Los pedidos desplazados

Esta situación extrema, pero real, produce enojo y violencia contenida entre las partes. El varón, en su afán por recuperar a su mujer, le suplica volver a mantener relaciones sexuales. Este pedido raramente puede ser satisfecho honestamente por la mujer puérpera. Por su parte, la mujer, en su afán por recuperar el vínculo, le pide al varón que se ocupe del bebé (creyendo ingenuamente que así recrearán el lazo perdido). Difícilmente el varón logrará satisfacerla, ya que se trata de un **pedido desplazado**.

El verdadero pedido inconsciente es: "Quiero que me abraces, o me mires cuando llegás a casa y me preguntes cómo estoy". Es indispensable comprender que fundamentalmente hay que **reconstruir el vínculo de pareja.** A veces, el vínculo equilibrado nunca existió. Insisto en que pedirle al varón que alce al bebé **es válido, pero no satisface la necesidad original**. De hecho, raramente estamos conformes con la manera como lo bañó o lo tuvo en brazos. Con seguridad, el baño quedó inundado, las toallas empapadas y el bebé llora cada vez más fuerte en brazos del padre.

Para esto es necesario tener en claro cuáles son nuestras necesidades y cuáles, los acuerdos históricos del vínculo de amor. ¿Qué sucede si no estamos conectadas con nuestras necesidades originales?

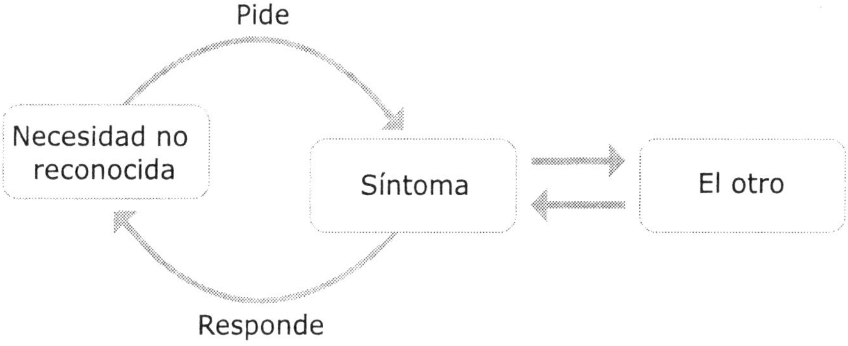

Si no estamos enlazadas con lo que nos pasa de verdad, desplazamos hacia un síntoma cualquiera (por ejemplo, el bebé que llora y necesita un baño para calmarse) y pedimos al otro que satisfaga o solucione el problema. El otro, con buenas intenciones, intenta bañar al bebé (responde al síntoma), pero como la necesidad original no fue satisfecha (quiero que me abraces y me digas que me amás), la sensación es de insatisfacción, haga lo que haga el marido.

En cambio, si podemos reconocer lo que de verdad nos pasa, cambia el panorama:

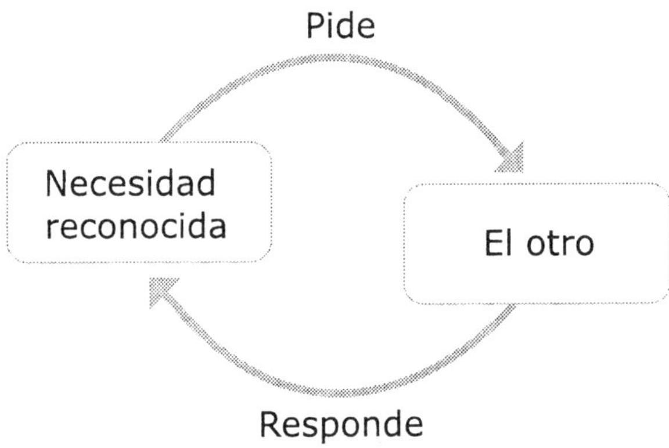

En el caso en que reclamamos "quiero que me abraces", es más probable que contando con la buena intención del varón, logremos ser abrazadas, es decir, satisfechas en la necesidad original. No garantizo el resultado, pero al menos sabremos claramente cómo es el vínculo real y qué está dispuesto cada uno a ofrecer al otro.

Cuando la mujer es quien sostiene emocionalmente al varón, instalada en el universo "yang", activa, emprendedora, segura de sí misma y generadora de dinero, es más complejo realizar el pedido, desplazado u original, ya que justamente en ese vínculo no hay lugar para un intercambio maduro.

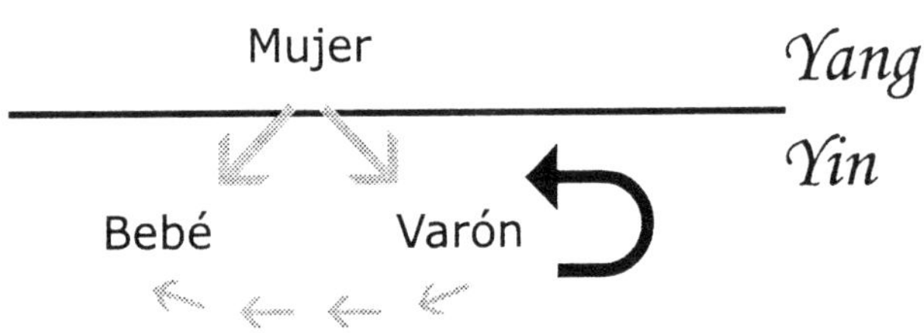

Frecuentemente el varón suele ser encantador, suave, atento, conversador, artista, emocional, poeta, cantante, bohemio, usa pelo largo y fabrica artesanías. Todas las mujeres nos enamoramos de hombres así. **El problema aparece cuando nace el primer hijo.** Este hombre infantil y soñador, que nunca se hizo cargo de nadie, no está dispuesto a trabajar en una fría oficina porque está en contra del "establishment". La mujer también, pero ahora tiene que conseguir dinero para pagar las visitas pediátricas, la ayuda doméstica o el jardín de infantes. Entonces la mujer sale a trabajar, se ocupa del bebé, se ocupa (como antes) del marido y se siente sola. Resulta que este papá es amoroso y se encarga del bebé siendo la envidia de las otras mamás del barrio que no tienen un esposo tan disponible. Le cambia perfectamente los pañales, lo baña, lo calma y lo lleva a la plaza. Su esposa no comprende por qué, teniendo todo lo que resulta atractivo para las demás, está llena de amargura y desamparo. Ya entra en funcionamiento el circuito de las necesidades no reconocidas y los pedidos desplazados, que profundizan los desacuerdos de la pareja.

Esto tiene su explicación: **la función del padre es la de sostener emocionalmente a la madre para que pueda sostener emocionalmente al hijo**. Si el padre se ocupa del hijo pequeño, pero **no sostiene a su mujer**, obligatoriamente se produce el "quiebre" familiar.

Motivos por los cuales generamos estos mecanismos

Al reflexionar sobre estos croquis dibujados, surge la pregunta: ¿Por qué? ¿Por qué tan frecuentemente armamos esquemas donde la falta de contención y la incomunicación son moneda corriente? No tengo las respuestas, pero puedo compartir algunos supuestos inconclusos:

1) Muchas mujeres no hemos tenido la experiencia primaria de haber sido atendidas. Claramente, no hemos sido suficientemente cuidadas siendo niñas. Hay historias de maltrato, abandono emocional, falta de mirada y soledad en la infancia. Funcionamos con la sensación

de haber sobrevivido bien sin cuidados. Nadie es confiable salvo una misma. Sólo estamos fuera de peligro si tenemos el control de nuestra vida. Por lo tanto, podemos continuar con el mismo esquema y salir adelante con un niño en brazos.

2) Las mujeres, cada vez más entrenadas para sobrevivir y destacarnos en los estudios y el trabajo, nos movemos con facilidad en el universo "yang", desbordando los vínculos afectivos con la misma energía. Valorizando la inteligencia racional, la acción y el éxito, es posible que al enamorarnos, nos seduzca del otro justamente lo que ya no poseemos: sensibilidad, calidez, ternura y vida sencilla.

3) Históricamente las niñas hemos servido a los varones-niños. Por más chiquitas que hayamos sido, hemos estado siempre en actitud de atender, ayudar, cuidar a los hermanitos, ordenar, levantar la mesa o lavar los platos. Los hermanos salían a jugar al fútbol con papá, mientras las niñas ayudábamos a la mamá. El mandato femenino sugiere: "amor es servir al otro". Continuar sirviendo (al varón, a las necesidades de todos sin atender las propias) tiene que ver con hacer lo que sabemos. Quiero recalcar que hoy en día las mujeres de la Era de Acuario no "servimos" al otro cocinando milanesas ni planchando la ropa. Justamente, es un servicio emocional mucho más sutil e invisible para nosotras mismas. La trampa reside en la **falta de equilibrio** entre las partes; no en la generosidad por el bienestar de los otros, que no entra en discusión.

4) Algunas mujeres anhelamos intensamente la gestación de un niño. Comúnmente este deseo no suele ser tan vehemente en el varón. A veces el hijo es engendrado a pesar del desacuerdo o rechazo del padre por una idea tan descabellada. Cuando el niño efectivamente nace, la madre supone que no tiene derecho a pedirle contención o ayuda al padre, ya que "él no lo quería y me corresponde hacerme cargo".

5) Después de atravesar exitosamente un parto, a las mujeres nos invade una sensación de omnipotencia: "yo puedo parir un hijo,

puedo cualquier cosa". Obviamente es un "disparador" excelente para ciertas personalidades que "hacen todo mejor que nadie". Por ejemplo, las parturientas que disponiendo de recursos económicos, no solicitamos ayuda doméstica porque nadie "limpia mejor" que nosotras. Amparadas en el típico discurso "es más fácil hacerlo yo misma que explicarle a otro que lo haga", quedamos encarceladas en una despótica soledad.

En fin, explicaciones hay muchas, correspondientes a la particular historia emocional de cada ser humano y de cada vínculo construido. Seguramente ciertas "posiciones" en el juego de relaciones fueron ocupadas para satisfacer beneficios ocultos. Cuando el nacimiento del niño provoca una "movida" en el tablero, a veces lo que nos procuraba beneficios en un momento de nuestra vida, puede convertirse en detrimento. El desafío está en comprender el movimiento completo de la "jugada de ajedrez".

Cuando analizamos el funcionamiento de una familia reciente y aparece una falta de cuidado muy visible por parte del marido (el marido que pierde el trabajo justo cuando nace el bebé, que se deprime, que se accidenta, que se enferma o que tiene un viaje muy importante que pospuso desde hace años) el desafío es reconocer que este tipo de vínculo ya estaba establecido previamente. Es necesario mirar hacia el pasado, reconocer los mandatos sociales, familiares y afectivos de la mujer puérpera, las experiencias reales de cuidado y luego los acuerdos tácitos en esta o incluso en otras parejas anteriores.

Constataremos, por ejemplo, que durante cinco años de noviazgo la mujer acomodó sus horarios para pasar a buscarlo por la oficina, que dejó actividades personales para atenderlo, dio prioridad a los intereses del varón en detrimento de los propios, cuidó amorosamente a los hijos de su primer matrimonio, empujó desde las sombras el crecimiento profesional aportando ideas, relaciones, contactos y horas de trabajo no reconocido, etc. Es relativamente sencillo encontrar los acuerdos históricos funcionales de la pareja. Lo llamativo es que para la mayoría de las mujeres, el hecho de dar sin recibir es cómodo y se parece mucho al amor primario (el recibido por la propia madre durante la infancia).

Me importa subrayar que **no es la presencia de los hijos pequeños lo que "desorganiza" a la pareja, sino que sólo pone en evidencia el funcionamiento original**. Este funcionamiento desequilibrado **es insostenible** tanto para la mujer como para el varón. Usualmente lo interpretamos como "falta de amor". En realidad, se trata de un funcionamiento desequilibrado que ya no es posible perpetuar.

Organización vincular esperable de la pareja y equilibrio posterior

Posiblemente se necesite mayor madurez y experiencia para lograrlo, pero una política vincular saludable se organiza, como hemos dicho en capítulos anteriores, desde el principio de la siguiente manera:

Quiero demostrar gráficamente a la mujer que contiene, acompaña y sostiene al varón en su vida social, económica y afectiva. Y, por su parte, al varón que también contiene, acompaña y sostiene a la mujer en los principales ámbitos de desarrollo de su vida. Cada uno dispone de su tiempo libre, actividades, intereses personales y vínculos afectivos. Cada uno tiene mirada para sí mismo y para el otro. Cada uno complementa las partes frágiles del otro y viceversa. Para esto se requiere un profundo conocimiento de sí mismo, donde se logra discernir cuánto hay de proyección de la propia sombra en el inmenso espejo que es el Otro y qué porción pertenece al Otro real.

Un día, nace el primer hijo. Las flechas se desvían formando un esquema parecido a este:

La mujer utiliza ahora toda su energía disponible para el maternaje: la dedicación hacia sí misma y hacia el varón se desvían para la crianza del bebé. El varón sigue sosteniendo a su mujer como lo hizo siempre. También sigue ocupándose de sí mismo como antes. Por supuesto que hay que atravesar la crisis que estos cambios suponen, pero la pareja sigue unida por el sostén del varón hacia la mujer, que **fue construido previamente**. En este esquema, el varón no se queda solo y la mujer, tampoco. Hay lugar para el encuentro, para el diálogo y la comunicación. Insisto en que este funcionamiento ya existía con anterioridad, ya que los vínculos no pueden ponerse en marcha en medio de las crisis vitales, sino que sólo son puestos a prueba en estos períodos.

Si, efectivamente, damos prioridad al niño pequeño y a la calidad de cuidado que recibe, nos ocuparemos de que cada madre tenga **"las espaldas bien cubiertas"** en el ámbito emocional, para que sea capaz de cuidar a su bebé, aunque no cuente con alguien que lo pueda bañar. En nuestro sistema de comunidad globalizada, deseamos que sea el padre el que cumpla con ese rol. Me parece magnífico, en la medida que comprendamos que el rol es **el de sostén emocional de la madre**. Si el padre no lo cumple, alguien tendrá que ejercerlo. De lo contrario, esa falta actuará en detrimento del niño.

En síntesis, sólo dentro de una estructura vincular madura podemos conectarnos con lo que nos pasa, comunicárselo al Otro, compartir nuestra intimidad y buscar nuestra manera de ser en el mundo, incluso con las noches sin dormir y un niño en brazos. Podemos naufragar en el océano "yin", porque desde "arriba" alguien nos estimula trayendo confianza y tranquilidad.

¡Hemos sobrevivido a los dos primeros años del niño! ¡El sol vuelve a brillar! Tanto el niño como la madre inician el período de separación emocional, me refiero a la etapa en que el niño dice "yo", es decir, que puede percibirse a sí mismo como ser separado.* Dentro del esquema equilibrado, podemos regresar a un funcionamiento parecido al que operaba antes del nacimiento del niño:

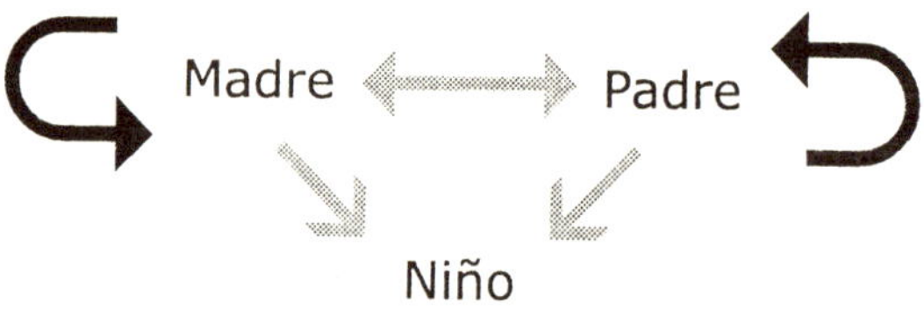

La madre y el padre recuperan la unión a través de la contención, el interés y el apoyo mutuo. El padre comienza un vínculo con el niño sin mediación indispensable de la madre. La madre recupera tiempo y dedicación para sí misma, quitándole al niño la exclusividad permanente. Reaparece el deseo sexual en la madre. Hay lugar para volver a ser ella misma. El padre recupera a la mujer para sí. Ambos necesitan espacios sin presencia del niño. El niño sale al mundo (jardín de infantes, actividades, salidas con los abuelos, juegos con otros niños).

Claro que este final feliz es posible si, previamente, fue sostenido el equilibrio familiar. De lo contrario, a partir de los dos años hay una madre desgastada, un padre cada vez más infantilizado o enojado, y niños manifestando todo tipo de conductas molestas: agresividad, falta de límites, enfermedades reiteradas, accidentes, o sobreadaptación por abandono emocional.

Claro que las madres consultan justamente cuando se produce algún quiebre visible en este sentido. Pero es indispensable trazar fehacientemente el mapa de funcionamiento familiar para determinar

* Ver en: Gutman, Laura, óp. cit.

dónde está verdaderamente la fractura. Aquí vale la pena ayudar a la madre a que intente formular los pedidos originales que fueron desplazados hacia pedidos escuchables por el otro. También es indispensable no permitir las quejas: me refiero a esa cómoda costumbre de cargar las tintas en los demás, antes de observar con claridad las discapacidades afectivas, emocionales y verbales con las que nos manejamos.

Por otra parte, la mayoría de los adultos no tomamos en cuenta que la llegada de los niños significa sentarse a recontratar los acuerdos tácitos de la pareja. Y eso es posible sólo si estamos acostumbrados a comunicarnos entre nosotros. A decir lo que nos pasa. A tenernos confianza.

Es verdad que los niños consumen una energía tan intensa que los pequeños desarreglos se convierten en grandes catástrofes. Los "agujeros emocionales" propios, que cubríamos con buena voluntad, se tornan insaciables y rebeldes. No queda fortaleza interior de repuesto.

Hombres y mujeres necesitamos revisar los mandatos y las creencias en las que nos hemos acomodado para un supuesto beneficio. Las mujeres en particular estamos convencidas de que amar es "servir al otro sin recibir nada a cambio". Aunque parezca una idea muy luminosa, creo que el vínculo de amor es **"dar y recibir equilibradamente"**. A las mujeres, a veces, nos resulta muy difícil ser merecedoras de algo. Para algunas, es más arduo aprender a recibir que aprender a dar.

Estos acomodamientos entre el merecimiento y el no merecimiento conforman las relaciones afectivas, de las que no tenemos ningún registro mientras no aparecen los hijos. Las mujeres solemos conformarnos al principio a lo que sea porque estamos ávidas de amor. Pero después aparece el funcionamiento real y el displacer. Allí es necesario comprender que no se trata de falta de amor, sino de funcionamientos que desde el inicio fueron conformados sin un equilibrio entre **el dar y el recibir**.

Cuando Lorena consultó por primera vez, acababa de nacer su segundo bebé, Facundo. Tenía otro varón de tres años, Camilo. Lorena era licenciada en marketing, siempre trabajó y su marido también. Consultaba simplemente por curiosidad y espíritu de búsqueda en esta nueva tarea de ser madre. Supe que Lorena estaba históricamente sostenida emocional y económicamente por su padre, un hombre que había construido a lo largo de su vida una posición social acomodada. Los fines de semana disfrutaban en la quinta de los padres de Lorena y su marido, Jorge, se acomodaba a esta situación como uno más de la familia. Hasta aquí todo funcionaba equilibradamente. Jorge era amable con los niños, disponía de mucho tiempo para sí mismo. Lorena se sentía amparada y amada. Lo que no era claro era que ese amparo provenía del padre siempre presente y proveedor.

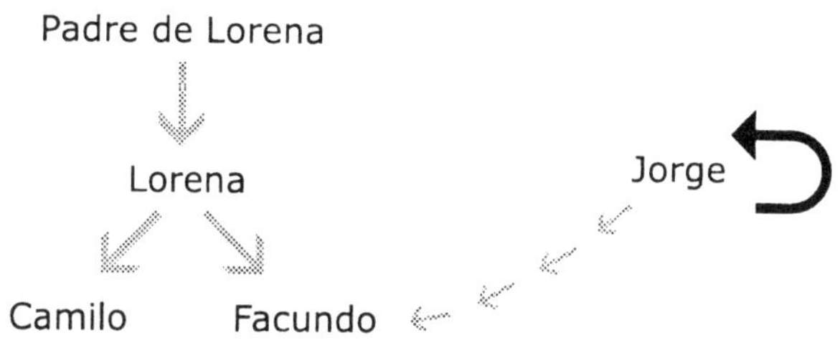

Un domingo, el padre muere en un accidente de tránsito, provocando un quiebre brutal en Lorena:

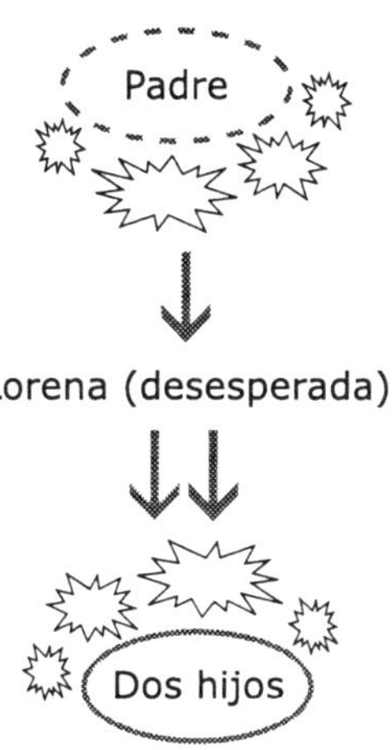

En medio de la crisis y el dolor, Lorena intenta pedir ayuda al marido. Desesperada, angustiada, sola y desamparada, pide de repente todo lo que no había reclamado con anterioridad dentro del vínculo. Pero Jorge no la comprende, sólo puede perpetuar su esquema relacional anterior: se ocupa de sí mismo y cuida a los niños. A partir de la muerte súbita del padre de Lorena, queda al descubierto la poca equidad en la pareja, la incapacidad de Jorge para adecuarse a un cambio rotundo y el franco desinterés por sostener a su esposa. Lorena comienza a comprender los acuerdos que construyeron al inicio de la relación. Ella desea cambiar los códigos, a él no le entusiasma ningún movimiento.

Cinco años más tarde, después de un largo duelo por el fallecimiento de su papá y atravesando un proceso terapéutico muy valiente; al ver que sus pedidos originales eran sistemáticamente rechazados por Jorge, decide divorciarse. Durante todo ese período construye amistades equilibradas entre el dar y el recibir, se afianza en su trabajo, revisa y profundiza el vínculo con su hermano –que se hace cargo de la empresa del padre y en parte "protege" a Lorena. En síntesis, Lorena busca "sostenes" posibles y reales que le permiten seguir criando a sus hijos con relativa paz. Jorge continúa su vínculo inalterable con los niños y lo más notable es que una vez producido el divorcio, desde los ojos de Jorge "todo sigue igual". Es decir, continúa ocupándose de sí mismo y de los niños. Podemos deducir que en el "mapa personal" de Jorge, Lorena no tenía cabida. Lo visualizamos así:

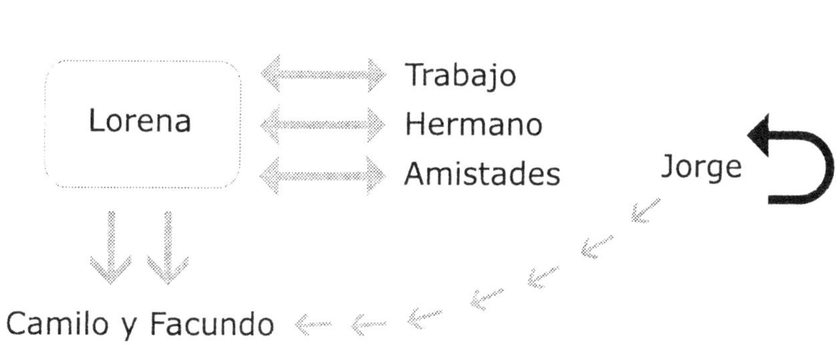

Lorena aprendió a relacionarse con mayor equidad, profundizando el vínculo con su hermano, trabando nuevas amistades, donde el recibir cuidado y atención es tan importante como ofrecerla; y encontrando sostenes alternativos que le dan fortaleza para criar sola a sus hijos. Jorge continuó funcionando en el mismo esquema de siempre, fuera de la relación con Lorena, ocupándose amablemente de los niños y siendo feliz a su manera.

El caso Susana

Cuando conozco a Susana, me llama la atención que, a pesar de ser una excelente psicóloga, tiene toda su energía puesta en el desarrollo profesional de Carlos, su marido. Ella descuida su profesión y sus intereses personales para organizar las clases, conferencias y entrevistas de Carlos. Compra con dinero recibido de su padre una casa y un consultorio que convierte en pequeño centro de actividades. Ella se define a sí misma como la "copiloto" de Carlos. De hecho, es su secretaria, impulsora, organizadora y amante.

Susana → Carlos (filósofo prestigioso) ↺

- Secretaria
- Organiza
- Da ideas
- Compran casa con su dinero

Este esquema funcionó armoniosamente durante años, hasta el nacimiento de Matías. Como hemos visto, en la pareja no había un sostén construido desde Carlos hacia Susana y ninguno de los dos imaginó lo que representaría la llegada de un niño. Con la presencia de Matías se quiebra la dinámica. Susana está sola con el niño. Carlos enfurece ante el abandono de su "copiloto" que lo "engaña" ocupándose exclusivamente del hijo de ambos. Obviamente, las conferencias se desorganizan y el trabajo disminuye. Carlos culpa a Susana por su actitud desagradecida y se producen situaciones violentas en la pareja.

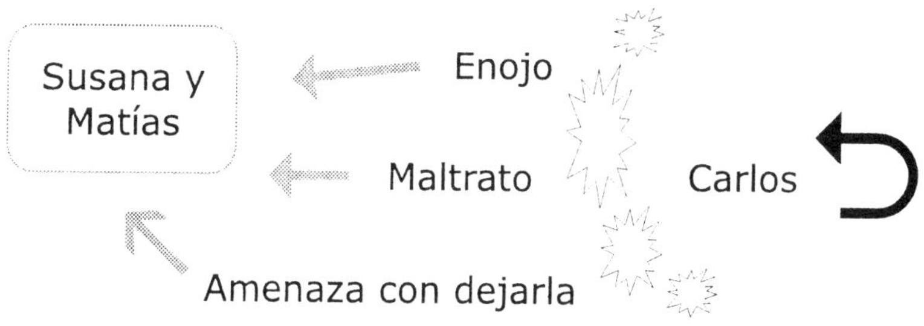

Además del asombro por el encuentro con la propia sombra, la realidad del puerperio, un niño que demanda y la recuperación de un parto complicado, Susana no posee las condiciones físicas ni emocionales para ocuparse de los asuntos laborales del marido. Matías es un niño irritable, llora mucho, es muy demandante por las noches y complica el acercamiento entre los padres. El maltrato verbal y emocional de Carlos supera lo concebible. Ambos "culpan" al niño recién nacido que rompe el delicado equilibrio de la pareja. Fue muy complejo comprender el caos familiar y la desdicha de todos. Susana desea satisfacer a su marido, pero hace lo que puede.

Dos años más tarde Susana desea otro niño, pero Carlos se niega rotundamente a la concepción de otro hijo. No está dispuesto a tolerarle más abandonos. Sin embargo, cuando Matías cumple seis años, recuperan una porción del antiguo funcionamiento: Susana vuelve a organizar las conferencias, se convierte otra vez en secretaria eficaz; el trabajo de Carlos retoma vuelo.

Entonces, queda embarazada... No relataré lo que sigue con el nacimiento de Julián, ya que mi interés es aclarar cómo los funcionamientos previos donde no hay construcción de sostén desde el varón hacia la mujer, devienen, con el advenimiento de los hijos, en sufrimientos incomprensibles, pedidos desplazados, violencia, maltrato y soledad. Por supuesto, queda pendiente el trabajo riguroso y profundo con cada ser humano, para determinar y comprender por qué ciertas mujeres se colocan en lugares de humillación y no merecimiento, y por qué algunos varones pueden sentirse tan desprotegidos, que sin una "mujer-mamá" que los cuide, no pueden concebir la salida al mundo.

El caso Violeta

Le pido a Violeta que intente diseñar en un papel cómo se percibe a sí misma. Este es su trazado:

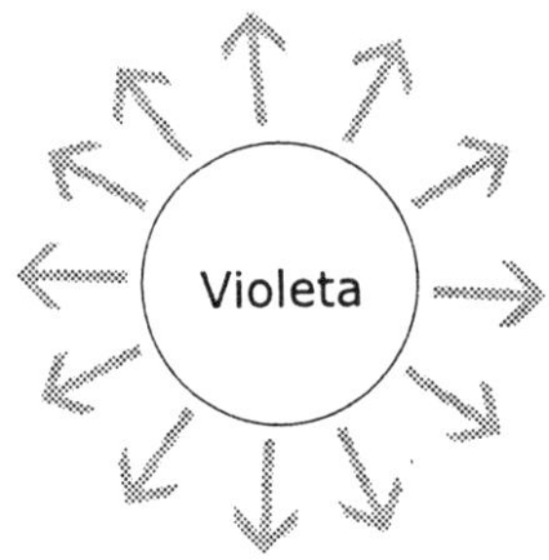

Seguramente muchas mujeres se identificarán con este diseño. Les contaré brevemente que Violeta se hizo cargo económicamente desde muy joven de sus padres y de su hermano. Es independiente, trabaja, se mantiene sola, sus amistades giran alrededor de sus decisiones y emprendimientos. Obviamente, fiel a su estructura de "mujer que no necesita nada", construye su pareja con un hombre infantil, que no trabaja, se deprime con facilidad y es el niño mimado de sus padres. Es menester destacar que frecuentemente buscamos "el otro polo" en el emparejamiento, por eso, cuanto más en el "yang" se coloque una mujer, posiblemente más "yin" proyectará en los demás. Y viceversa. Un día nace Lucy, y Violeta se quiebra.

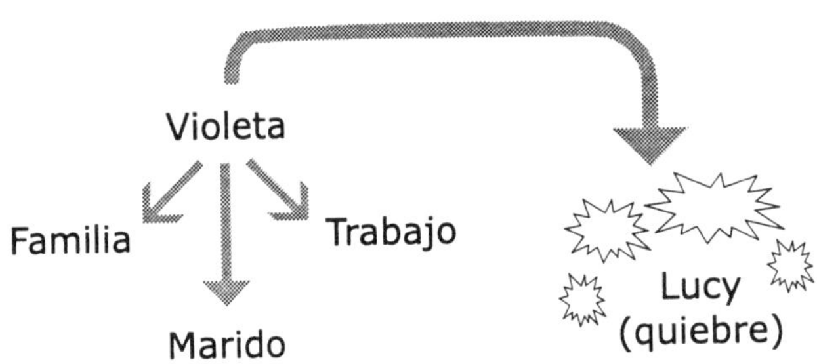

Todo lo que Violeta era capaz de sostener con relativo equilibrio antes de ser madre, se quiebra irremediablemente cuando necesita criar a una hija pequeña sin que nadie "le cubra sus espaldas". Allí se hace evidente el funcionamiento familiar previo inestable e insostenible, valga la redundancia.

El principal problema que aparece en estos períodos para la mujer puérpera necesitada es que los pedidos que formula no son comprendidos por el varón, no por falta de interés o buenas intenciones, sino porque no hacían parte de los acuerdos tácitos durante el emparejamiento (o enamoramiento). Son necesidades invisibles para ambos.

Creo que la oportunidad de plasmarlos en la conciencia es retrotrayéndonos al momento en que se "firmó el contrato". Leer la "letra chica" y discutir hasta lograr "recontratar" el funcionamiento de la pareja sería un excelente propósito, ya que las condiciones cambian para ambos con el nacimiento de los hijos. Pasamos de ser "pareja" a ser "familia". Necesariamente hay cláusulas para revisar y modificar. Pero es evidente que sólo se lograrán resultados si parimos del "contrato original". Dicho de otro modo, tenemos el marido real que tenemos o la mujer real que hemos elegido. Ese/a y no otro/a.

Por eso, frente a una consulta de este tipo (quejas de uno u otro, soledad, desamparo, etc.), es necesario revisar previamente todo el esquema familiar, ya que, desde la omnipotencia de una mujer, es sencillo deducir que si nunca hubo sostén equilibrado dentro de la pareja, un hijo traerá inevitablemente la evidencia de lo que no se han ofrecido **mutuamente**.

El caso Manuela

Los padres se separaron cuando tenía tres años. Fue hija única y su mamá era muy inmadura. Creció en un ambiente de gran orfandad emocional, sin "ritmo de hogar", siendo testigo de la promiscuidad de la madre. Aprendió a cuidarse sola, a cocinar y a cuidar a su mamá siempre desprotegida. Desde la adolescencia se interesa por el arte. Años más tarde se enamora de otro joven artista y, siendo muy bohemios, nace el primer hijo, Ian. El bebé muerde y, buscando soluciones para ese síntoma, nos conocemos. Manuela inicia un recorrido personal teñido de una valentía inusual. Esta pareja de artistas sobrevive económicamente con muy poco y en momentos de desesperación, el padre de Manuela los "salva" con algún regalo o gran compra en el supermercado. Lejos de facilitar las cosas, el padre luego se enoja con la situación y Manuela se siente en deuda. Ella trata de vincularse afectuosamente con el padre, pero el padre no comprende esta "modalidad de pago". Le asusta la sensibilidad expresiva de Manuela, la rechaza y prefiere no ser molestado.

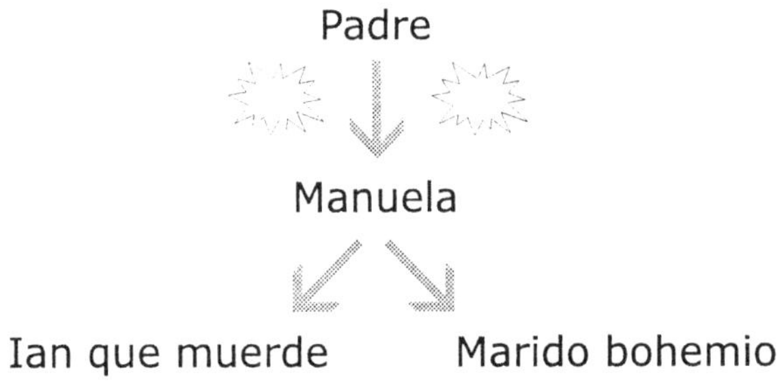

Claro que con la presencia de un hijo no es sencillo arreglarse con tan poco, ni llevar una vida tan bohemia como ellos estaban acostumbrados. De todas maneras, Manuela revisa mucho su orfandad emocional, aprende a hacer pedidos adecuados, separa sus necesidades de niña de sus necesidades reales de adulta y la pareja sobrevive. Cuatro años más tarde se embaraza nuevamente. El marido, un ser encantador, tiene la posibilidad de participar en unas actividades artísticas que lo obligan a estar ausente todas las noches. Manuela se quiebra. No se siente capaz de quedarse todas las noches sola en casa con Ian, su embarazo y su aterradora sombra. Se activa su orfandad emocional infantil, pide cualquier cosa en cualquier momento, nada la satisface.

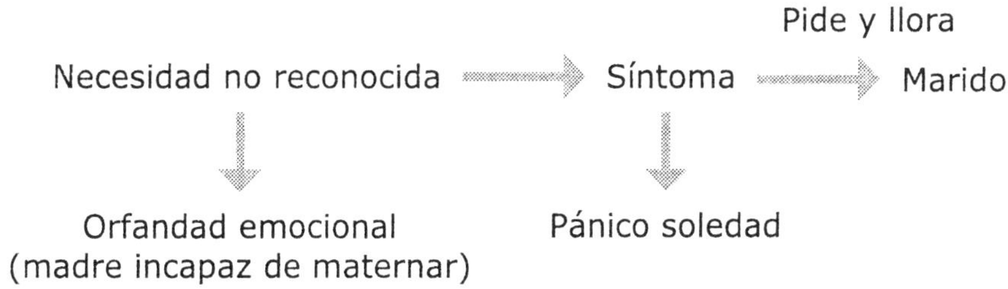

La tarea terapéutica se basa en el **reconocimiento de la verdadera dimensión** de su orfandad, pudiendo pedir lo que realmente necesita hoy, aquí, ahora; en lugar de nutrirse insaciablemente a causa de lo no recibido en el pasado. De esta manera, amparada en la tenacidad de su proceso personal, logra comunicar poco a poco lo que necesita de cada uno, teniendo en cuenta la persona que realmente es, con sus temores, deficiencias y angustias. Al poco tiempo, su marido consigue un trabajo estable. Hace acuerdos con el padre en cuanto a las capacidades de ambos para vincularse. Encuentra palabras para nombrar lo que le pasa. Utiliza dichas palabras con el marido y con el padre. Pare a su segundo hijo. Las personas que conforman su núcleo afectivo comprenden un poco mejor quién es Manuela y de qué tratan en realidad sus pedidos. Entonces pueden satisfacer con conciencia.

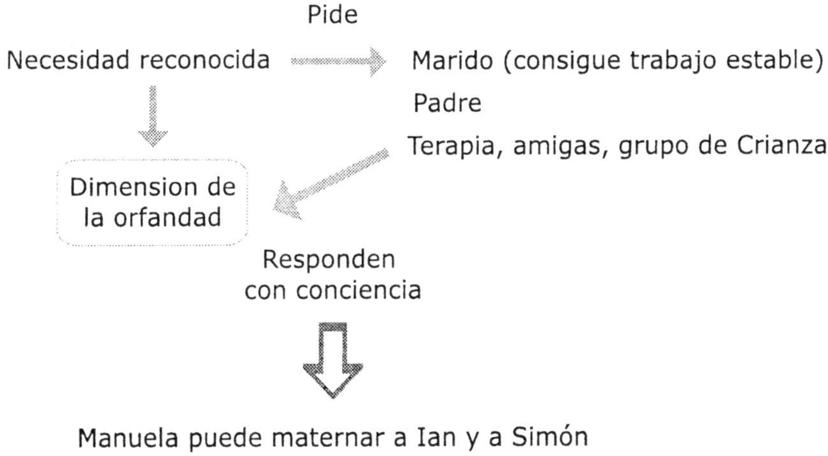

Esta es una buena historia de reconstrucción: partiendo de una infancia desamparada, llevando luego a la conciencia la verdadera dimensión de aquella orfandad, más una cuota de valentía y acompañamiento amoroso... Manuela es hoy una madre madura en busca de su ser más esencial y profundo.

Capítulo 7 - Construcción de la biografía humana

La pareja como campo de proyección. Ingresar en la biografía humana. El espacio psíquico disponible. El caso Carola. El caso Paulina. Más recursos para la aparición de la biografía humana.

La pareja como campo de proyección

Las crisis que se desencadenan en el vínculo de pareja después del nacimiento de los hijos, podrían ayudarnos a encontrar el camino del propio destino, en la medida en que comprendamos profundamente cuáles son los retazos viejos de modalidades vinculares que ya no nos sirven, qué nos produce dolor o fracaso, qué creencias nos sostenían en el pasado y ahora nos sumergen en la desesperanza, qué capacidades no hemos aún desarrollado al servicio de los otros y qué transformaciones estamos tratando de producir.

Los desequilibrios entre el dar y recibir, la madurez o inmadurez con la que llegamos a la maternidad y paternidad, la capacidad de comunicar lo que nos pasa y comprender del otro lo que le pasa, la generosidad y el interés por los procesos íntimos personales o del prójimo, son fundamentales cuando sobrevienen las crisis vitales. Dependemos de nuestra idoneidad y disposición para los cambios. Y de la profunda comprensión de la psique humana.

También es fundamental hacernos cargo de los fantasmas que alimentamos y condicionamos para que sigan vivos en nosotros, culpando a nuestros propios padres, a nuestros jefes, al mundo entero, por lo que nos han hecho y por nuestras consecuentes desgracias. Aunque haya una cuota de verdad en sufrimientos que pueden habernos ocasionado, **aquello sucedió cuando éramos niños**. Por el contrario, **constituirnos en adultos** es reconocer la porción de decisión que nos toca en cada vínculo, en cada actitud para el cambio.

Las personas somos más **maduras intelectual que emocionalmente**, por eso solemos ser "inteligentes" en el ámbito del pensamiento, las ideas y la creatividad en el trabajo; pero increíblemente torpes para la comprensión de nuestros deseos e impulsos arcaicos. De este modo pretendemos desconocer la proyección de todo el contenido de nuestro inconsciente sobre las personas reales de quienes nos enamoramos.

Hoy más que antes, admitimos que tanto en nuestro cuerpo como en nuestra psique, las mujeres tenemos vestigios de energía masculina, así como los varones llevan en sí partes de energía femenina. Actualmente, el mundo, en diferentes áreas, intenta modificar la expresión tradicional de los roles asignados históricamente a varones y mujeres... pero, aunque nos resulte tentador y moderno, continúa siendo una búsqueda íntima y personal, que merece adecuarse a cada personalidad y energía individual.

En la elección de emparejamiento (que es una elección inconsciente, generalmente hay más "cuota" de "proyección" que "cuota" de "integridad del Otro"), pocas veces vemos al Otro como quien efectivamente es, en lugar de **"como quien deseamos que sea"**.

Para "limpiar" el vínculo, percibir quién es quién y entender a partir de qué experiencias íntimas hacemos las elecciones que hacemos, es indispensable ingresar en la **biografía humana** de cada persona. Recomenzar desde el inicio la lógica de una vida terrenal e hilar sutilmente para lograr un tejido armonioso. Luego, incluir a todas las personas que "casualmente" participan en nuestra trama.

Observar a la pareja como unidad, luego a la familia como unidad y nuestra relación profesional con la persona consultante como unidad, nos permitirá tener una visión más completa sobre la situación en la que pretendemos operar. Trataremos de no mirar a través del ojo de una cerradura, obteniendo escenas fragmentadas y sacando conclusiones lógicas, pero frecuentemente erróneas, sino que intentaremos abrir las puertas completas y ampliar nuestra visión.

En primer lugar, quiero puntualizar que **las madres son pivots en el funcionamiento familiar. Son el eje sobre el cual giran todos los vínculos interfamiliares**. Por eso es indispensable que sea quien sea la persona que consulta, obtengamos un discurso honesto y relatado en **primera persona del singular de la madre**.

En realidad, la mayoría de las consultas terapéuticas son realizadas por las mujeres. Esto es ventajoso ya que es posible investigar directamente sobre el **eje de la dinámica familiar**. Además, es prioritaria la intención de la madre para comprender los funcionamientos propios de la familia y, en ese marco, buscar soluciones a las diversas problemáticas que, generalmente, aparecen en el cuerpo de los niños, en enfermedades o en conductas molestas. Una vez que los niños se calman, entonces se manifiestan los desacuerdos matrimoniales.

Reitero una vez más que el **síntoma manifiesto tiene muy poca importancia**. Si nos limitamos al síntoma, este se verá obligado a encontrar su más genuina expresión en alguna otra forma, que puede ser más destructiva o maligna que la anterior. Los profesionales solemos "encandilarnos" con el síntoma, sin ver "más allá", sin percibir "el todo".

En la consulta, ante cualquier tipo de manifestación, ya sea del adulto o del niño, será necesario –antes que nada– abordar lo más exacta y cronológicamente posible la **biografía humana de la madre**. Buscar **los puntos cero**. Escuchar en **primera persona**.

¿Qué es la **biografía humana**? ¿A qué llamamos los **"puntos cero"**?

La biografía humana se refiere a toda la historia emocional, consciente e inconsciente, que será necesario "armar" como piezas de un rompecabezas, a través de los relatos, anécdotas, recuerdos, sensaciones, olores, datos y fechas precisas que la persona trae a la consulta. Por supuesto, estará plagada inicialmente por las situaciones concretas que el individuo prioriza desde su "luz".

La tarea del profesional es –a mi juicio– detenerse cuando escucha **espacios temporales vacíos**. Por ejemplo, la persona relata situaciones familiares de la infancia y luego relata el casamiento. Entonces el profesional sugerirá: ¿Qué recordás de la adolescencia? ¿Quiénes eran tus amigos? ¿Cómo vivías el cuerpo que se modificaba diariamente? ¿Sobre qué asuntos se conversaba en tu casa? ¿Cómo era en ese período el vínculo con tu padre/madre/hermanos? ¿Tenías libertad para salir? ¿Disponías de dinero? ¿Te gustaba estudiar? ¿Salías con chicos/as? ¿Cómo fue el inicio de la vida sexual? ¿Con quién?, etc.

Me refiero a que si un individuo recuerda desde su "luz" la infancia y luego el inicio de la etapa adulta, es evidente que en el período intermedio hay algo interesante para investigar, justamente porque fue automáticamente **desechado por la conciencia**. Asombrosamente, aparecerán unas "perlitas" en el recuerdo que, posiblemente, nos permitan construir fielmente el **hilo de la biografía humana**.

Por otra parte, la biografía humana es necesariamente **cronológica**. Por eso, cada relato necesita una lógica que se sostenga por sí misma.

De lo contrario, nos faltarán eslabones fundamentales. Repito: esta es una **construcción intelectual** necesaria. Es función del profesional ordenar los datos y darles coherencia buscando las piezas que faltan. La cronología nos permite darnos cuenta más fácilmente dónde hay "agujeros" que esperan la pieza correspondiente.

Por ejemplo: Alejandra consulta porque el bebé rechaza el pecho. Independientemente del síntoma aparente, iniciamos el recorrido a través del relato de la biografía humana: nacimiento, primera infancia, recuerdos muy antiguos o relatados por la propia madre, escolaridad, vínculos familiares, adolescencia, amores, vida sexual, emparejamiento, estudios, trabajo, hijos, etc. Los recuerdos más antiguos de Alejandra se remontan al final del colegio secundario (17-18 años). Insisto en remontar hacia la infancia. Hago preguntas. Las respuestas una y otra vez se refieren a la adolescencia. Insisto en obtener respuestas allí donde no aparecen naturalmente. Buscamos fotos, le pido que le haga preguntas puntuales a su madre, que tenga conversaciones con su hermana. Poco a poco aparecen esbozos de sensaciones, obviamente cargados de dolor y desamparo. Y de sentido. A esto me refiero cuando insisto en obtener las piezas faltantes en el cuadro. Si no están, hay que buscarlas. La peor opción es hacer de cuenta que completamos una estructura cuando nos faltan los principales fragmentos.

La tarea del profesional es **iluminar la sombra**. Si el consultante se enamora de su propio discurso sin una guía, va a decir lo que está "en su luz", lo que es evidente. Todas las personas **hablamos de nuestras dificultades favoritas**, con lujo de detalles. Esto equivale a revolver siempre la misma "sopa" (o la misma luz).

Otra tarea imprescindible del profesional es discriminar lo anecdótico de lo sustancial del relato. Ahondar en la **política vincular** en lugar de sumar fechas o circunstancias novelescas que nada agregan al pensamiento. Las preguntas referentes a la **capacidad de maternar de la propia madre**, a los recuerdos sobre quién nos ha mimado, quién nos ha tenido en brazos, quién apaciguaba los miedos, quién nos buscaba a la salida de la escuela, quién nos servía la merienda, quién nos abrazaba, quién nos miraba y comprendía, quién nos acostaba cada noche y quién nos recibía cada mañana al despertar, quién nos amparaba... nos da información más valiosa que múltiples relatos teñidos de juicios relativos a la novela familiar que la persona ha escuchado de boca de los adultos cuando era niño.

Por ejemplo: Ofelia dice que ella era muy llorona cuando niña. Evidentemente esta es la lectura que sus padres pudieron hacer en esa época, que luego repitieron en el transcurso del tiempo construyendo la novela familiar; pero que no nos ofrece una información real de la infancia de Ofelia. La vivencia personal hay que construirla desde adentro.

De modo inverso, haremos preguntas referidas a los "depredadores" en la infancia: personas que nos han hostigado o castigado física o emocionalmente, personas que nos han abandonado o han estado lejos de nuestro mundo interior, o que han impedido que recibamos suficiente sostén. Es complejo cuando es el mismo "personaje" (madre, padre, tío, padrastro, hermano mayor, abuelo/a o persona maternante) el que actúa las dos polaridades: la de **"maternar"** y la de **"desamparar"**. Pero justamente allí reside la lucidez y la agudeza con la que intentaremos desentrañar –a través de preguntas reveladoras– el tejido de lo que el individuo plasmó en su vida hasta el momento de la consulta.

Esta tarea parece sencilla, pero en la escucha real se necesita un don particular para que afloren aquellas preguntas que desvíen al consultante, **desde el armado de su relato hacia el abismo de lo insospechado**. Porque, vuelvo a repetir, suele ser un relato organizado desde la "luz" del individuo, que necesita incluir otra calidad de información para que nos resulte útil.

Ingresar verdaderamente en la biografía humana nos permite acomodar todas las piezas como si fuera un tablero de ajedrez. Luego dedicarse a observar antes de ejecutar algún movimiento.

Los buenos jugadores son los que contemplan la totalidad del juego y pueden prever los futuros movimientos. O, al menos, las consecuencias inmediatas de cada desplazamiento.

Si observamos la totalidad del relato de la vida emocional, podremos reconocer dónde faltan datos imprescindibles, dónde no hay lógica (cuando el relato está cargado de juicios, tal vez engendrados en el dolor), y formular preguntas que enriquezcan el armado del tejido biográfico. Rápidamente identificaremos situaciones vinculares que se repiten una y otra vez, o síntomas molestos que diluyen su importancia frente a experiencias vitales de gran impacto emocional.

Mientras recorremos en un orden cronológico la biografía humana, subrayaremos especialmente hechos o vivencias que llamaremos "**puntos cero**".

Los "**puntos cero**" son situaciones puntuales que han modificado el rumbo concreto o emocional de la vida del individuo. Definir los "**puntos cero**" es tarea del profesional en conjunto con el consultante. Por ejemplo, nacimientos de hermanos, mudanzas, divorcio de los padres, vacaciones con un sentido emocional específico (positivo o negativo), pérdidas, muertes de seres queridos, modificaciones súbitas en el ámbito económico, nacimiento de los propios hijos. También pueden ser "**puntos cero**" situaciones que se han prolongado a lo largo del tiempo, por ejemplo, las de violencia familiar en la infancia, alcoholismo de padre o madre, castigos reiterados, familias reacias a la socialización, disciplinas muy severas, ausencia o abandono de padre o madre. Cada persona evaluará si una situación determinada se constituye en un "**punto cero**" en su vida, es decir, si ha sido un "pivote" o una línea que limita el "más acá" del "más allá" del transcurso de su vida.

Los "**puntos cero**" marcarán, de esta manera, "líneas divisorias imaginarias" dentro de la biografía humana. Serán también una guía para la construcción biográfica, por donde, necesariamente habrá que atravesar una y otra vez en la espiral de comprensión.

Frecuentemente, en la espiral de evolución personal, cada vez que una persona "atraviesa" por un **"punto cero"**, reviviendo de modo similar alguna vivencia primaria, algo dentro de ella "vibra" o "hace ruido" como si fuera un disco rayado donde la púa del antiguo "tocadiscos" se atascaba, quedando el individuo sumergido en el impacto que la experiencia ha tenido realmente en el pasado. Es decir, los **"puntos cero"** se activan cada vez que alguna **situación emocional del presente** se asemeja en alguna medida a la **experiencia primaria**. Es oportuno comprender este funcionamiento de la psique, ya que tememos las experiencias actuales que **"vibran"** en nuestros **"puntos cero inconscientes"**, cuando en realidad tenemos la oportunidad de comprenderlos y actualizarlos con la madurez que vamos adquiriendo a lo largo de la vida. Esto nos permite ser un poco más libres.

Por ejemplo: Carmen ha sido criada por una madre muy joven que apenas pudo hacerse cargo de ella. Desde los ocho años, Carmen aprendió a maternar y cuidar a su propia madre, desarrollando así el autosostén y una gran autonomía personal. Madura, vivaz, trabajadora y segura de sí misma, Carmen va escalando posiciones en una empresa comercial desde muy joven. A los veintinueve años nace su primer bebé. Durante el puerperio, cuando su esposo tarda en regresar a casa, se desespera, se siente torpe, incapaz de tener al bebé en brazos. Se desconoce a sí misma. Esta es una típica situación donde se "atasca la púa" en el disco rayado: "vibra" sobre el **"punto cero"** de su infancia, que se refiere al abandono emocional materno. El trabajo de sanación consiste en reconocer, primero, que esa situación de abandono emocional fue real, existió y fue causa de mucho sufrimiento (relegado actualmente a la sombra), y que el nacimiento del niño "abrió" las puertas por donde se cuela esa porción de la sombra. Luego será menester **ubicar** el abandono real del que fue víctima Carmen-niña, para separar a la Carmen–adulta que ahora tiene un bebé en brazos. Insisto en que resulta imprescindible reconocer que la vivencia **existió y es real para la conciencia**, que se ha convertido en un **"punto cero"** que nos lo recuerda. En la actualidad es preciso retrotraernos a esa realidad para comprender profundamente la sensación de desesperación de Carmen, sin emitir juicios de valor, sin desechar sus sentimientos por insensatos... pero buscando alternativas para que Carmen sea finalmente "maternada" y avalada con su vulnerabilidad a cuestas. Porque Carmen también está necesitada. Aunque ella misma no lo sepa.

Frecuentemente, las madres consultan por manifestaciones preocupantes en los niños pequeños. En esos casos, ¿no es más directo construir la **biografía humana de ese niño?**

Por supuesto, aunque es una tarea demasiado sencilla y superficial. Si recordamos que los niños pequeños son **seres fusionales** y, como tales, manifiestan la sombra de las personas con quienes están fusionados emocionalmente (en especial la madre), veremos que es más trabajoso **desentrañar la sombra que se cuela en la biografía humana de la mamá**. Comprendiéndola y trabajando honestamente con la madre, el niño será liberado de la sombra de su madre y nos dedicaremos a desentrañar el verdadero síntoma: el sufrimiento de la madre o, mejor aún, **la falta de comprensión que la madre tiene sobre su propio destino**.

No importa sobre quién recae el síntoma. Trabajar sobre el personaje "pívot" mueve toda la estructura de la dinámica familiar. Por eso, si es la madre la que comprende e integra su propia sombra, llevará a toda la familia a un funcionamiento más armónico, amoroso y constructivo.

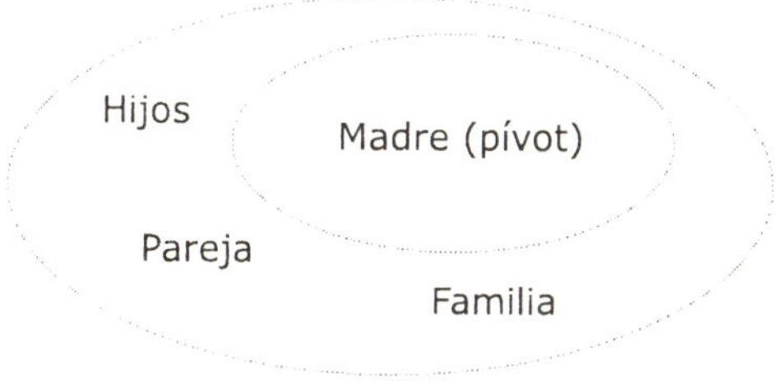

En la dinámica familiar aparecen entremezcladas las proyecciones de los **"puntos cero"** de la vida de la madre y del padre. Es justamente en las **relaciones afectivas íntimas** donde se plasman los **modelos primarios** inconscientes. **No brotan en las relaciones de amistad o compañerismo.** Si no tomamos en cuenta este fenómeno, quedaremos estancados en el mismo modelo, reproduciendo espejismos sobre nosotros mismos y las personas que más amamos.

Por ejemplo: un varón proveniente de una familia donde el padre era débil y la madre "estilo sargento" cree haber superado el patrón de masculinidad aprendido gracias a los éxitos en el campo laboral. Tal vez se haya convertido en un hombre aguerrido en el trabajo, reconocido por su sólido temperamento y carácter recio. Paradójicamente, después del nacimiento de sus hijos, en la relación con su esposa y dentro de la dinámica familiar, se siente vulnerable, frágil, indeciso y torpe. Porque el **modelo familiar interno sólo se activa dentro de los vínculos íntimos.** Lo que nos pasa a todos en el vínculo de pareja no nos pasa en otras relaciones afectivas.

El espacio psíquico disponible

Hay otro fenómeno a tener en cuenta en la constitución de la familia: en estos períodos las mujeres que crían niños pequeños disponen de muy **poco espacio psíquico**. Desaparecen prácticamente los tiempos para sí mismas. Si además estas mujeres ocupan la función de sostén dentro de la familia, el espacio psíquico se reduce aún más, produciendo indefectiblemente estallidos de locura vividos con estupor y desconcierto. El varón que asiste a tales desbordes de extravagancia e insensatez, duda entre escaparse hacia su propia infancia o desacreditar integralmente a la mujer que ama, perdiendo cada uno, una vez más, su identidad y su eje personal.

Paralelamente, los varones disponen de **mucho espacio psíquico desocupado**. Porque el tiempo antes dedicado a la pareja, a las rutinas íntimas, al ocio compartido... quedaron fagocitados por la atención que la mujer prodiga a los reclamos permanentes del bebé.

Este desajuste invisible, teñido de incomodidad por ambas partes, da lugar a proyecciones inconscientes de vivencias primarias, que se activan ante el desconcierto de no reconocer más el funcionamiento de pareja que habían planeado desde la conciencia. Por eso es necesario **saber que esto pasa** y que ambos deben permanecer atentos a reconocer dónde están "rayando" un **"punto cero"** personal que poco tiene que ver con lo que entró en discusión.

En estos casos es fundamental que la pareja permita un verdadero intercambio de las fuerzas vitales femeninas y masculinas, salvaguardando la conexión profunda con el centro esencial de cada uno, comprendiéndose entre sí, como profundamente opuestos y complementarios.

El caso Carola

Carola consulta porque su segunda hija de cinco años se hace pis en la cama. Sin más vueltas, entramos antes que nada en la construcción de su **biografía humana**.

Carola hace una elección de amor por un varón muy infantilizado y humillado por su padre. Es un hombre "que puede poco", que pierde su trabajo como ingeniero químico cuando nace la primera hija. Entonces Carola trabaja para mantener el hogar, nace otra niña dos años más tarde, aunque ella no tiene tiempo de "maternarlas".

Carola nace en el seno de una familia muy austera emocionalmente. Es la segunda hija de seis hermanos. Su padre era un comerciante rico, que acaparaba la atención total de su esposa. Los niños quedaban sin verdadero resguardo, con una madre que tenía sólo "ojos para su esposo". Carola relata anécdotas que le permiten reconocer que ellos eran niños pobres en una familia de ricos. Por ejemplo, viajaban desde muy pequeños solos a una escuela pública que quedaba lejos del hogar (no comprende hoy por qué, habiendo escuelas similares muy cercanas), estaban obligados a coser sus zapatos, remendar su ropa, trabajar en el verano para el padre sin recibir ningún premio a cambio... me refiero a un hombre extremadamente rico y hace sólo una generación en Buenos Aires... no eran tiempos de posguerra. A través de múltiples anécdotas, Carola empieza a registrar un modelo de maltrato y descuido, especialmente por parte de su madre.

Siendo adolescente y, obviamente autónoma, trabaja y estudia sociología. Tiene algunas experiencias con hombres, en general poco satisfactorias. Vive sola, los años pasan y ella desea casarse. Cerca de sus treinta años conoce y elige a Hernán: un varón amable, pero infantilizado y humillado por su padre. Hernán le reclama muchísima atención a Carola que, acostumbrada a satisfacer los deseos de su padre (interno), le prodiga cariñosamente todos los cuidados.

Pocos años más tarde nacen dos niñas. Hernán pierde su trabajo como ingeniero químico apenas nace la primera beba. Entonces Carola, fiel a sí misma, no duda en dejar a su hijita y salir a buscar trabajo para mantener el hogar. En ese período, sin conocimientos –como cualquier mamá primeriza– de la necesidad que ella y el bebé tenían de fusionar y mantenerse en un puerperio oculto y silencioso, sale a conquistar puestos de trabajo, tiene éxito, ascenso económico, mientras nace la segunda niña, sin tiempo ni disponibilidad emocional para "maternarlas".

Dentro de esta dinámica, es obvio que Hernán reclama cada vez más atención y se enferma periódicamente. Carola lo ayuda además a generar trabajo de forma independiente y Hernán instala un pequeño taller en la casa que lo tiene ocupado y distraído, con nula disponibilidad para "mirar" alrededor. Hasta aquí podemos trazar fácilmente un "paralelo" entre el funcionamiento hogareño de Carola-niña con el de Carola-adulta.

Algo más me llama la atención en la época en que atendí a Carola: estas niñas se accidentaban con inusual frecuencia. Y Carola lo relataba ingenuamente, como "pequeñas anécdotas" propias de cualquier niño. Entonces tracé un primer mapa general del funcionamiento familiar:

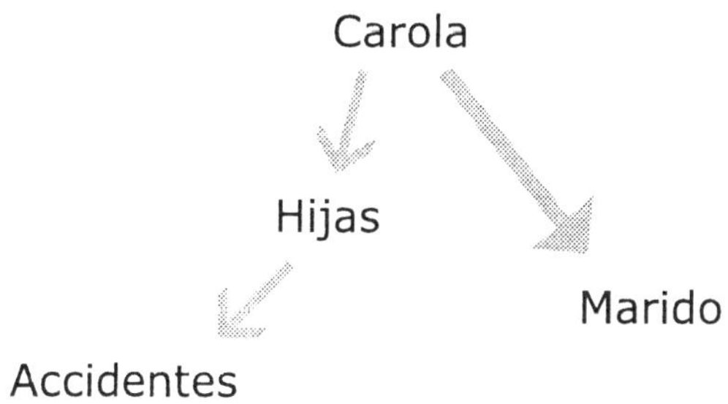

Al reconstruir su biografía humana y nombrar sus principales **"puntos cero"** (abandono emocional en la infancia, maltrato por parte de sus padres, madre totalmente dedicada al cuidado del padre), Carola va reconociendo que íntimamente se siente desprotegida y desamparada. Quiero puntualizar que ella ha forjado una identidad –hacia el afuera y hacia sí misma– de mujer fuerte, arrolladora y segura. De hecho, tiene una presencia física confiada y altanera. Sin embargo, en un momento de quiebre como el que estoy relatando, aparece desde la sombra su modelo primario de "no merecimiento".

Poco a poco, ella comienza a registrar que sus hijas quedaron también en un lugar de castigo, relativamente descuidadas... y propensas a lastimarse. Cuando Carola reconoce que los accidentes reiterados de las niñas tienen que ver con la falta de "mirada de mamá" y que dicha mirada fue totalmente desviada a satisfacer las necesidades infantiles del papá, decide modificar el rumbo de su vida. Posiblemente este fue otro gran **"punto cero"**: se anima a modificar el rompecabezas de su vida, revisar sus modelos internos, trabajar sobre sus capacidades de pedir y recibir, intentar nuevos acuerdos con su esposo y consagrarse a integrar sus luces y sombras a favor de su crecimiento personal y de infancias felices para las niñas. Esto es sencillo describirlo, pero profundamente complejo vivirlo. Han pasado varios años desde entonces, Carola ha forjado una nueva identidad en su ser mamá, ha desarrollado una mirada sutil hacia sus hijas y sigue allí, comprendiéndose cada vez más a sí misma.

Paulina nació en la provincia de Santa Fe, en el seno de una familia muy humilde. Nunca conoció a su padre. Su hermana mayor se casó muy joven y Paulina era la esperanza de la madre. De hecho, trabajó desde muy joven, sosteniendo económicamente a su madre y, a los pocos años, también a su hermana que se divorció con tres hijos a cuestas. Emigró sola a Buenos Aires, estudió Derecho, mientras continuaba trabajando y enviando el dinero para su familia. Con tenacidad y esfuerzo, se convirtió en una abogada brillante. Los veranos retornaba a su ciudad natal a visitar a sus sobrinos, como la "tía rica" que llevaba regalos y satisfacía todas las necesidades materiales de su familia de origen. Años más tarde se enamoró del abogado con quien compartía el estudio e iniciaron una convivencia. Cuando la recibo por primera vez, ambos son exitosos, conservan sus clientes en forma individual, pagan a medias los gastos, las vacaciones, las compras, los restaurantes. Paulina continúa sosteniendo económicamente a su familia. Me llama la atención algo que Paulina no percibe: siento que a pesar de su relación de pareja, ella sigue estando sola. Trazo el primer mapa:

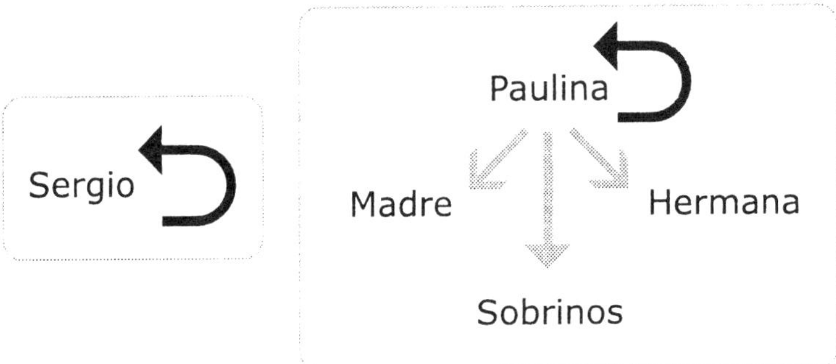

Después de algunos años de convivencia armoniosa nace un bebé, Mateo. Pocos meses después llega a mi consultorio arrastrada literalmente por una amiga. Leal a su personalidad, nunca imaginó que "algo" podía llegar a trastocar su vida ordenada, su manejo del dinero, sus clientes y la puntualidad con la que siempre respondió. Durante el embarazo no se le ocurrió "preparar" a algún abogado joven para delegar durante cierto período algunas responsabilidades. Con el bebé en brazos llega tarde a las reuniones. Incrementa sus gastos (obviamente). Pierde dinero. Pierde clientela. Presupone que el bebé es "problema suyo" –como lo ha sido todo en su vida. La amiga que con buena voluntad la aconseja, no comprende por qué Paulina no le pide absolutamente nada a Sergio, ni ayuda, ni dinero, ni que transitoriamente atienda a algunos clientes irritados. Si observamos su primer trazado de funcionamiento en la pareja, constataremos que íntimamente han estado siempre separados, tal vez por el temor o desconocimiento de Paulina de entregarse profundamente a otro. Paulina se quiebra emocionalmente. No puede reconocerse a sí misma (identidad forjada desde su "luz"). Le falta dinero ya que pierde clientes importantes. Siente que este tema lo tiene que resolver sola. Trazo un segundo mapa:

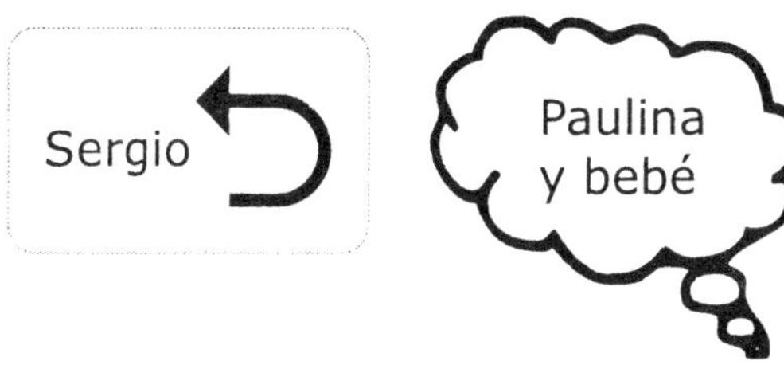

Sergio continúa dentro de su pequeño sistema donde autoabastece todas sus necesidades. Cuando nace el bebé, Paulina se queda "sin sistema propio" y "se cae", completamente desamparada. Sergio no comprende qué le pasa a su mujer. Su vida no ha cambiado sustancialmente y el bebé es precioso. Paulina vive este puerperio como un verdadero martirio.

Paulina pierde el "equilibrio" construido antes del nacimiento del bebé. Ella era capaz de sostener al mundo entero. Pero como hemos visto, sostener **al mundo y a un bebé** no es humanamente posible. Desde el éxito real en el mundo "yang", nunca imaginó que podía **necesitar algo de alguien.** Tampoco Sergio, ni otras personas de su entorno.

Falta comentar que Paulina me consultó con el propósito de buscar sugerencias sobre personas confiables para dejar al bebé, de modo que ella pudiera retomar su trabajo con cierta tranquilidad. Por supuesto, tenía todo el derecho de hacerlo. Pero me sorprendió la rigidez de su mirada y los ojos desorbitados del bebé. Y no pude dejar de preguntarle quién era, dónde había nacido, qué recordaba de su infancia y qué necesitaba en realidad. Vino a verme muy pocas veces, mientras yo percibía que prefería proyectar su enojo hacia mí hasta que decidió suspender las consultas. Por intermedio de su amiga, recibí durante un tiempo noticias de Paulina. En ese momento se negó a profundizar en sus enredos emocionales, tal vez el dolor era demasiado amargo. Supe que el bebé comenzó a enfermarse, cada vez más gravemente. Tuvo varias internaciones. Espero algún día volver a verla y acompañarla en el difícil camino de conexión con su verdadera naturaleza.

Más recursos para la aparición de la biografía humana

Tanto los profesionales que trabajamos en el dominio del pensamiento humano, como los individuos que consultan, solemos quedar atrapados en la fascinación que nos producen ciertos relatos. Los síntomas originales y excéntricos se llevan las palmas en el podio del deslumbramiento que nos producen. Por eso es muy frecuente que ingresemos hechizados en la historia que la persona relata con tono novelesco, y que ha contado innumerables veces a amigos, conocidos y aliados de su entorno.

Por eso creo que un buen recurso profesional es no tentarse con la curiosidad de los detalles sabrosos, porque seguiremos revolviendo en la "luz" del consultante, creyendo que estamos abordando la problemática que él cree que necesita resolver. Y por otra parte, será la persona la que "guiará" la información, sin entrar en los lugares oscuros que desconoce de sí misma, cuando se supone que cualquier consulta terapéutica intenta arrojar claridad sobre la propia sombra.

Personalmente –cada vez con mayor orientación– después de los saludos afectuosos y presentaciones mutuas, comienzo a hacer preguntas siguiendo un orden propio tentativo. Es verdad que hay unos instantes de desconcierto en la madre que viene a consultar porque el hijito de cuatro años no logra "adaptarse" al jardín de infantes. Pero le explico que necesito saber quién es ella. Pregunto dónde nació, quiénes eran sus padres, qué tipo de vínculos desde su lugar actual de adulta recuerda, en qué barrio vivía, a qué escuela concurría, si tiene hermanos, si hubo alguna figura familiar importante además de los padres, cuál era la situación económica. Rápidamente hay una corriente de emoción y confianza. Generalmente aparece información muy valiosa que ubica en mi pensamiento a la persona real que tengo enfrente y no a la imagen que ha construido de sí misma. Muy frecuentemente –si la consultante es mujer– estalla en llanto. Entonces suspiro aliviada sabiendo que estamos iniciando un trabajo sincero.

Después, sigo avanzando con preguntas guiadas dentro de una lógica personal. Suele ser muy revelador para la persona sólo el hecho de unir ideas, sentimientos y recuerdos. A veces "saltan a la vista" "coincidencias obvias" entre relatos antiguos y situaciones actuales que ni siquiera merecen alguna intervención de mi parte. Sólo nos reímos juntas. En poco más de una hora, cualquier persona puede relatar, con ayuda, los puntos neurálgicos de su propia vida. Sólo entonces pregunto por qué desea consultar. A veces el motivo de consulta original queda totalmente desdibujado, aunque aparecen en el transcurso del relato numerosas situaciones sufrientes, confusas y donde vale la pena intervenir. Otras veces el motivo de consulta sigue siendo válido, pero ya contamos con buena información para observar desde varios puntos de vista la dinámica familiar primaria y la actual. Esto nos permite –al igual que un buen jugador de ajedrez– tomarnos mucho tiempo para observar, evaluar y no emitir opiniones tempranas.

Reitero que si no **ingresamos** desde el inicio en la **biografía humana**, perderemos el rumbo de nuestra visión, porque no encontraremos la lógica personal de cada individuo. Cada ser humano tiene una energía propia a ser vivida, experimentada, bajo diferentes máscaras. La energía original es la que merece ser encontrada dentro de sí. Todo lo demás hace parte de ideologías u opiniones discutibles.

Determinar los **"puntos cero"** también tiene sus dificultades. Años atrás algunas discípulas mías lo resolvían solicitando al consultante que se refiriera a los tres o cuatro hechos más importantes de su vida. En un primer momento me pareció una forma factible de encontrarlos. Pero, con el tiempo, me di cuenta de que las mujeres suelen responder: "Cuando me casé, cuando nació mi primer hijo, cuando nació la segunda, cuando mi padre se enfermó de cáncer". Para algunas personas, el nacimiento de un hijo puede constituirse en todo un **"punto cero"**, pero profundamente, me refiero a hechos concretos o sutiles que desvían el curso de una vida hacia el propio y desconocido destino.

Por eso, lo que una persona desde la conciencia considera un "hecho importante", posiblemente no se constituya en información valiosa para el profesional. La búsqueda de los **"puntos cero"** recae en el profesional que investiga dentro de la biografía humana, necesitando una combinación de sensibilidad intuitiva y de orden en el pensamiento lógico.

En el caso de Carola, su principal **"punto cero"** ha sido el abandono emocional de su madre y el maltrato de su padre, que luego "rayó el disco" cuando Carola buscó inconscientemente situaciones donde ella misma o sus hijos quedaron igualmente desamparados y maltratados. Pero necesitó muchos años de búsqueda y trabajo personal para reconocer que en esos mecanismos infantiles estaban las llaves para el encuentro profundo con su ser esencial. Por supuesto que le "sucedieron" en la vida hechos dignos de ser contados... pero por más que hayan sido anécdotas increíbles, no se constituyeron en **"puntos cero"**. Por allí, indefectiblemente, pasamos una y otra vez como surcos que van guiando el camino.

En el caso de Paulina, obviamente su "**punto cero**" fue el lugar que su madre estableció para ella desde muy temprana edad: el de sostén económico de la familia extendida. Es posible que el nacimiento de su hijo haya sido también todo un "**punto cero**", porque vino a marcar el fin de una era, independientemente que Paulina tenga conciencia de este fenómeno.

En síntesis, podemos encarar un trabajo profesional de acompañamiento en los procesos vitales de otros, en la medida que veamos un panorama lo más completo posible de las vivencias primarias y actuales, claras o sombrías, y fuera del encandilamiento de los motivos de consulta aparentes.

Capítulo 8 - El trazado de mapas familiares

Ver el "todo" a través de la problemática familiar. El trazado de mapas. El caso Elisa. Las crisis: cuando el Mago Merlín aparece. El caso Marcela. La celebración de las crisis (o cómo aprovechar el bien oculto). El caso Renata y Gustavo.

Ver el "todo" a través de la problemática familiar

Según nuestras profesiones u oficios, adjudicaremos mayor atención a las problemáticas de una mujer embarazada, a una pareja en crisis, a una madre que consulta por un niño molesto o a la enfermedad que ha tomado protagonismo. Sin importar cuál sea nuestra "puerta de acceso", para el siguiente análisis elegiremos las **problemáticas familiares** como unidad. Es decir, vislumbraremos un "todo" sin dar especial importancia a cada "parte", intentando mirar la **red vincular** en general.

Las personas nos pensamos como "seres separados", cuando en realidad participamos de una trama donde nuestros aspectos sombríos se proyectan en el cuerpo o actitudes de los otros con quienes nos relacionamos. Para observar con mayor claridad las problemáticas individuales, necesitamos ampliar la lente con la cual miramos y así constataremos cuánto tienen que ver con nosotros "los demás". Quiero demostrar que es ilusorio que "los de afuera" estén tan "afuera" de nosotros.

Hemos dicho que el profesional llevará ordenadamente el hilo de la **biografía humana** de la persona que consulta. El consultante aportará datos, elementos, fechas, sueños, recuerdos, vivencias y sensaciones. En la medida que su intelecto no viole lo que le dicta el corazón, facilitará la tarea del armado de su **biografía humana**. El trabajo de reconstrucción emocional depende de la capacidad **intelectual e intuitiva de ambos**.

Será menester que el profesional **relacione creativamente los elementos** aportados. Este es un don a desarrollar, ya que las personas transmiten sus sensaciones y experiencias con desprolijidad. Luego tendrá que **interpretar** el lenguaje, traducirlo, ordenarlo. Ahora bien, la decisión de recorrer este camino queda en manos de la persona que consulta. Cuando **el consultante y el profesional** trabajan a favor del encuentro con las partes sombrías de la conciencia, sólo entonces se inicia un proceso terapéutico.

Luego, esa **construcción biográfica aparentemente individual**, vamos a insertarla dentro de cierta dinámica familiar, donde participan las luces y sombras de los otros: pareja, padres, hijos, hermanos y red afectiva. Entonces empieza a vislumbrarse un "mapeo" donde existen sostenes y soledades, cuidados y descuidos, generosidad y egoísmo, miradas y cegueras, dinero y necesidades, adultez o infantilismo, búsqueda personal o conformismo. Mandatos, sueños, autoritarismos, fantasías, deseos... todo esto hace parte de la construcción colectiva que intentaremos ordenar para ver dónde se sitúa el consultante y qué movimientos se pueden realizar **a favor del conjunto** de personas que interactúa.

Trabajar **a favor de todo el funcionamiento familiar** requiere un entrenamiento específico.

Para ubicar las "piezas" en el mapa, es imprescindible que la consultante –en nuestro caso la madre– haga su relato **siempre en primera persona del singular (yo).** Muy frecuentemente las madres se quejan en tercera persona (en realidad todas las personas lo hacemos). Por ejemplo:

"El problema es que mi marido llega siempre tarde y al final los chicos están nerviosos y no quieren ir a dormir hasta que lo ven, se excitan cuando él llega, no se da cuenta de que yo también trabajé todo el día...". Entonces propongo traducir la misma descripción en **primera persona** del singular. Por ejemplo: "A mí me resulta difícil y agotador lidiar con los chicos durante todo el día. Necesito la presencia de mi marido, o de alguien que me escuche, que me acompañe. Cuando anochece me angustio y quisiera estar en otro lugar, escapar de mi casa, ser otra persona, no haberme convertido en madre. Es una mezcla de bronca, angustia y fracaso. No sé qué hacer con esto que me pasa".

El segundo discurso invita a la escucha. Porque no acusa, no juzga, no hiere, no desvaloriza a nadie. En este caso, tanto el marido cuestionado como el profesional pueden solidarizarse con "esto que le pasa" y generar una conversación donde "lo que nos pasa" es siempre tenido en cuenta. Porque hay lugar también para "lo que le pasa al otro" y vale la pena enterarse. Luego, será posible encontrar alguna propuesta viable que comprenda el funcionamiento global y suavice el sufrimiento.

La mayoría de las personas no está entrenada para hablar en primera persona, para contar "lo que me pasa". Querría creer que las cosas suceden "afuera". Pretender, en cambio, que las personas intenten hablar de sí mismas en primera persona del singular, es acercarlas a su **verdad interior**. Porque el saber tiene conexión con la experiencia personal, pasa por las entrañas.

Cada vez que la persona que consulta nos habla en tercera persona del singular (él, ella), estamos faltando a la verdad. Es muy difícil modificar esta tendencia, pero es una tarea que requiere constancia por parte del profesional. Con el ejercicio se convertirá en un juego de niños, que será fundamental si pretendemos construir una **biografía humana** confiable, donde trazar luego el pasado, el presente y el futuro.

Insisto en resolver prioritariamente la **construcción de la biografía humana** y luego el trazado del **mapa o los mapas familiares**, ya que solemos estar muy apurados por solucionar eficazmente el síntoma molesto por el que la persona consulta. Pero así seremos cómplices de un trabajo terriblemente superficial, que no modificará en nada la ceguera que la persona construyó con respecto a la misión a cumplir en su vida. Tendremos que comprender que todas las manifestaciones molestas propias, de su pareja o de sus hijos, son sólo señales para volver al camino original, y que la verdadera tarea es **reencontrar el camino**, en lugar de **apartar los obstáculos aparentes**.

Las consultas a causa de un **síntoma** siempre **son ficticias**. Deseamos reducir la molestia, pero para llegar al verdadero nudo de los problemas, propongo trazar el **mapa del funcionamiento familiar**. Dentro de los "mapas" trataremos de encontrar las incomunicaciones históricas y el desplazamiento de los síntomas hacia lugares posibles de escucha. Si el síntoma está desplazado (hecho frecuente), no hay forma de resolverlo allí donde aparece. Es necesario buscar el punto donde se originó. Ya sea el mandato materno o paterno, la orfandad, necesidades primarias no satisfechas, etc. A veces puede suceder que la búsqueda se encamine hacia el futuro (no hacia el pasado), encontrando el propio destino en la misión que estamos obligados a cumplir.

Por ejemplo, si soy huérfana, mi **"yo soy"** se construye con **ausencia de madre**. Mi libre albedrío consiste en decidir si prefiero **no tener conciencia** de la dimensión de esa falta. En ese caso atravesaré la vida reclamando a los demás "lo imposible". Pidiendo siempre algo más de lo que obtengo. Inversamente, puedo elegir **integrar a mi**

conciencia esa carencia. Entonces me relacionaré con el mundo desde esa realidad.Y podré desarrollar capacidades extraordinarias en beneficio del prójimo.

Las **preguntas guías** del profesional en busca del trazado de mapas, tendrán que estar llenas de **sentido lógico**, tanto para quien las formula como para quien escucha.También será menester ubicar las respuestas dentro de un hilo razonable. A menudo, propongo que la persona **repita** el relato, pero formulado en primera persona del singular. Es sumamente revelador escucharse a uno mismo. Otra pregunta que transparenta el relato suele ser: "¿Cuales son los beneficios que te proporciona una situación determinada?". Cuando la posición en la que nos encontramos es dolorosa, tendemos a pensar que somos sólo víctimas de la mala suerte. En cambio, si logramos **hallar el beneficio oculto**, tendremos que **renunciar también a él, si verdaderamente deseamos salir del ámbito de sufrimiento**.

En síntesis, sugiero un orden en el armado de la consulta que nos limite la curiosidad por los detalles y nos permita apuntar al nudo central de cada organización vincular. A saber:

1- Ingreso en la biografía humana.
2- Búsqueda de "puntos cero".
3- Trazado inicial del mapa familiar.
4- Percepción personal.
5- Motivo de consulta aparente (crisis puntual).
6- Primera hipótesis de trabajo.

Si confiamos en este orden para la búsqueda de información, el trayecto será más corto hacia la comprensión de la problemática real. Una vez estipulados los mecanismos vinculares y las emociones ocultas con las que vamos a trabajar, el acompañamiento amoroso y compasivo puede ser prolongado. Eso poco importa si hemos trazado una clara línea terapéutica. Les propongo un ejemplo siguiendo el "orden" de pensamiento sugerido.

Elisa y Alberto consultan por Esteban, su pequeño hijo de tres años. En el jardín de infantes les piden un "psicodiagnóstico" ya que a priori lo consideran "hiperkinético".

1- Biografía humana

Elisa nació en una pequeña ciudad de la Patagonia argentina. Su padre era un rico industrial que se casó con "la más linda". Su madre sufría de depresiones reiteradas y, según los recuerdos de Elisa, estaba siempre medicada, sufriendo "picos" de depresión y luego "picos" de euforia. Pasaba períodos durmiendo y otros períodos en que era admirada y amada, especialmente cuando bailaba en las reuniones sociales y se relacionaba simpáticamente con todos.

Elisa no tiene otros recuerdos de su infancia, más que una vida cómoda, cierta ingenuidad y el deseo de venir a Buenos Aires a estudiar. A sus dieciocho años, la madre de Elisa se suicida y seis meses más tarde muere su padre, tal vez de tristeza. Elisa decide viajar a Buenos Aires, logra estudiar Ciencias Económicas y trabajar. Su hermano menor se hace cargo de las empresas del padre y los primeros años le envía algo de dinero.

Elisa conoce y se casa con Alberto. Trabajan juntos en un pequeño emprendimiento. Ella trabaja como si no tuviera respaldo económico; luego, con grandes esfuerzos compran un departamento y diez años más tarde conciben un niño. Elisa vive para trabajar, todo su mundo afectivo está centrado en la producción. Las oficinas comerciales funcionan en el mismo departamento en el que viven. Por supuesto, trabajan todo el día, sin horarios, el teléfono suena a toda hora. Viaja muy raramente a su ciudad natal, ama a su hermano y a sus sobrinos. Este único hermano y su familia viven como lo que son: ricos. En cambio, Elisa, su marido y su pequeño hijo viven como trabajadores.

Quiero aclarar que fue costoso para mí obtener esta información, ya que la pareja esperaba un "psicodiagnóstico" rápido y confiable para presentar en la institución a la que acudía el pequeño Esteban. Pero a través del relato apareció rápidamente el temor de Elisa a deprimirse como su madre y el descontento de Alberto con respecto a la queja permanente de Elisa, y al hecho de estar con una mujer a quien nada la alegraba. Noté íntimamente el sutil cambio en el motivo de consulta, hacia sus preocupaciones más personales.

Me llamó la atención que, habiendo heredado fortuna, Elisa hubiera delegado ingenuamente toda la riqueza en su hermano varón, y que hubiese emprendido una vida sacrificada en Buenos Aires. Insistí preguntando sobre ese vínculo, sobre la situación financiera familiar... y estalló una bomba. Tuvieron que confesarme que en veinte años, el hermano había dilapidado todo el dinero, había vivido con ínfulas de joven millonario, quebrado las empresas heredadas del padre, y actualmente estaba endeudado y con varios juicios en su contra. Obviamente las empresas estaban también a nombre de Elisa, con lo cual estaban a punto de embargar la única propiedad que Elisa y Alberto tenían en Buenos Aires: el departamento donde vivían y trabajaban, comprado con años de esfuerzo y trabajo.

En ese punto, para mis adentros, modifiqué una vez más el motivo de consulta: tenía que ver con la ingenuidad y el deseo de Elisa de seguir siendo eternamente niña, protegida por sus padres, amparada en la fantasía de que su hermano la protegía, sin haber mediado nunca conversación, ni pedidos, ni acuerdos que sostuvieran esta imaginaria ficción.

2- Puntos cero

Creo que el principal **"punto cero"** en la vida de Elisa fue el suicidio de su madre (para el que no tuvo ninguna preparación emocional) y la posterior muerte del padre.

Y tuve la sensación de que el segundo **"punto cero"** podría perfilarse con esta "revelación": tener que cuidarse sola, porque nada ni nadie la cuida como infantilmente cree.

Quedar huérfana abruptamente a los dieciocho años supone estar obligada a volverse adulta. Pero vivió como si "el hermano la protegiera como un ángel". A los treinta y ocho años se ve nuevamente enfrentada al desafío de convertirse en adulta de verdad, "haciendo huella" en el mismo surco. Esto no significa que lo haga, sólo que los hechos que ella misma produjo y que, aparentemente, "vienen de afuera" la obligan a experimentar su propio destino.

3- Trazado inicial del mapa familiar

Creí pertinente trazar un **mapa imaginario** operando desde las creencias inconscientes de Elisa y otro **mapa real**, pero no aceptado por Elisa desde la conciencia:

Mapa imaginario

Mamá - Papá - Hermano

↓

Elisa
Alberto
Esteban

En su fantasía, sus padres la siguen cuidando y le confirió a su hermano el mismo cargo. Se cree sostenida, amparada y fuera de peligro.

Mapa real

Elisa
Alberto
Esteban

↓

Hermano

En realidad, los recursos, la energía, el respaldo, el dinero, el trabajo, la apuesta al futuro, el sostén y el esfuerzo construidos por Elisa y Alberto, se desperdician y se licuan consumidos por la "canilla abierta" del hermano. De ninguna manera "culpo" al hermano por su actitud, ya que también fue consentida, avalada y sostenida por Elisa.

4- Percepción personal

Desde las primeras consultas, tuve la sensación de que Elisa nunca había ejercitado el cuestionamiento personal. Extremadamente quejosa, me resultaba harto difícil lograr que hablara en primera persona del singular, muy acostumbrada a echar culpas al prójimo, especialmente a su esposo, con quien entablaba arduas discusiones, incluso en mi presencia.

Un día llegó a la consulta exasperada, asegurando que ella tenía muy mala suerte. Contó entonces que se había tomado la molestia de ir especialmente a un comercio de reparación de electrodomésticos, a buscar un repuesto específico para la cafetera de vidrio que estaba rota y que utilizaban cotidianamente en la oficina. Cuando regresó a su hogar y abrió el paquete, la cafetera **explotó en mil pedazos**...

Me pareció adecuado en ese momento comparar la cafetera de vidrio con el **"castillo de cristal"** que había edificado en sus sueños y que se le **hacía trizas** ante los telegramas de la justicia informando sobre los embargos de sus bienes. Eran muchos síntomas que la llamaban a reconocer su realidad.Valía la pena dejar de culpar a los demás.

5- Motivo de consulta aparente

Recordemos que el motivo de consulta fue la supuesta "hiperkinesis" de Esteban. Provocativamente inserto este ítem en el quinto lugar, para demostrar que, generalmente, el motivo de consulta puntual pocas veces nos da información valiosa. Cada niño organiza síntomas de acuerdo con su propia naturaleza, pero no nos guiará necesariamente a la comprensión de lo que se está manifestando.

6- Hipótesis de trabajo

Hay varios temas para abordar. Algunos se desprenden naturalmente de la biografía humana: lograr acuerdos con el hermano (en lugar de reclamar al marido lo imposible), consultar abogados para efectivizar las sucesiones y la separación de bienes... como adultos en un mundo de adultos. Luego, tomar conciencia de su verdadera situación financiera.

En otro orden, pero igualmente prioritaria, es la relación con Esteban. Elisa y Alberto trabajan "sin parar". Describen la oficina como un lugar donde se acumulan montañas de papeles urgentes que no logran "poner al día". Tal vez esta dinámica hace parte de la "ceguera", al no disponer de tiempo para nada que no sea apremiante. Así pasaron veinte años mientras se desintegraba la fortuna que les pertenecía. Así transcurren los días para Esteban, "corriendo de una punta a la otra" en sintonía con su madre. Siempre apurada. Sin poder detenerse. Sin saber adónde va. Golpeándose contra las paredes. Esteban se lastima al correr. Elisa se tropieza con lo que su alma sabe de sí misma.

Las crisis: cuando el Mago Merlín aparece

Los profesionales que trabajamos en contacto con las problemáticas familiares, generalmente lo hacemos cuando nacen los niños y se producen reestructuraciones vinculares, modificación de los roles dentro de la familia, pérdidas, muertes, cambios de trabajo, mudanzas, momentos críticos donde "pasa algo" que modifica el rumbo.

A veces, vivimos ciertas crisis "negativas" como hechos que "vienen de afuera", que irrumpen inesperadamente en la rutina. Nos preguntamos, parafraseando a Pedro Almodóvar: "¿Qué he hecho yo para merecer esto? ¿Por qué a mí?". Desconectados de los ciclos de la naturaleza, del fluir de la vida, nos gusta creer que hay una sólida frontera entre el "adentro" y el "afuera". Desestimamos los sueños que nosotros mismos soñamos, desechando los anuncios que nuestro inconsciente reconoce y anticipa. Por lo general, tratamos de que todo vuelva a "ser como antes": inmóvil, fijo y sin sorpresas.

Es complejo para el individuo admitir que la totalidad de su ser toma las decisiones. El "yo" con el cual nos identificamos (ubicado en nuestra "luz") puede cooperar con el conjunto y enriquecerse con la experiencia –aunque sea vivida como dolorosa. O bien puede oponerse (en realidad es una obstrucción al conjunto del "sí mismo") y generar confusión sobre lo que sucede indefectiblemente. Esta es la actitud más frecuente: creer que lo que "nos pasa", no nos incumbe; que pertenece a un "afuera" indefinido y cruel. En realidad, las personas nos encontramos con "sucesos externos", porque los necesitamos para ser más acabadamente nosotros mismos.

Las crisis vitales, correspondientes a diversos períodos de crecimiento del ser humano, pueden constituirse en puertas abiertas para la introspección y en una maravillosa oportunidad, tanto para el profesional que busca información, como para el individuo que se acerca a su más profundo interior.

Con frecuencia, las personas llegan a las consultas terapéuticas en medio del impacto de un hecho puntual e inesperado en la vida, que sacude sus "estanterías emocionales" sin aviso. No siempre es notorio para la conciencia el papel decisivo que tienen las crisis en el proceso de evolución personal. Hay quienes se desmoronan, sintiéndose atrapados en la dificultad; otros emergen enriquecidos y maduros, y algunos sencillamente necesitan tiempo para comprender que hay un propósito específico en cada crisis. A veces, el sentido de la crisis sólo es comprensible vislumbrando el futuro, es decir, observando hacia dónde nos conduce algo que aparentemente sólo nos ocasiona dolor y confusión.

En la consulta hay urgencia por la resolución inmediata del "caos" generado y, frecuentemente, las personas **no están dispuestas** a responder cuestionamientos sobre su **biografía humana**. Entonces, sugiero lúdicamente investigar si hemos formulado algún **pedido inconsciente al Mago Merlín**, algo así como nuestro Ángel de la Guarda personal.

1- Propongo "rebobinar la película" y pensar qué sucedió antes del hecho puntual al que hace referencia la persona, ese día o en ese período de su vida. Establecer qué deseos revoloteaban (conscientes o inconscientes). Cuáles de ellos ni siquiera fueron formulados en voz alta. Luego procuramos determinar si esos deseos se instalaron en la conciencia o si fueron desechados por improbables o imposibles de realizar a nuestro juicio.

2- Después, enunciamos la siguiente hipótesis: ese deseo existe –aunque lo hayamos reprimido. Pero ocultamente le hemos pedido al Mago Merlín que nos lo conceda.

3- El Mago Merlín efectivamente aparece y nos concede los deseos. El problema es que el pedido lo realizamos de manera confusa, ya que ni siquiera lo hemos pensado abiertamente. El Mago Merlín, desconcertado, concede los deseos como los comprendió, a veces torpemente. Por ejemplo, si mi pedido es: "Quiero cambiar completamente mi vida...", el buen Merlín hace unos pases con su varita mágica... y cambia todo de lugar, provocando un caos espectacular.

4- El Mago Merlín es un señor muy esotérico que responde a través de símbolos. Como en todo camino de búsqueda personal, el Mago Merlín nos va dejando señales para que sólo las personas dispuestas a emprender el camino de encuentro consigo mismas, las puedan reconocer.

El caso Marcela

Marcela es una mujer hermosa, coqueta y exuberante. Vino a la primera consulta con la intención de curar la sorpresiva fobia que la aquejaba. Me relató con lujo de detalles una experiencia que acababa de vivir: en la oficina donde trabajaba había sufrido un asalto muy violento.

Tres hombres entraron a punta de pistola, la tomaron a Marcela de rehén, mientras los demás empleados debían permanecer en el suelo. Aparentemente, conocían los movimientos de dinero del negocio, ya que sabían que Marcela era responsable de la llave de la caja fuerte. De pronto, entró la policía disparando –vale recordar que sólo los asaltantes y Marcela estaban de pie– y mataron a dos de ellos. Todo lo que pasó después fue confuso, violento, desconcertante. La sensación de poder perder la vida en un instante dejó a Marcela llena de perplejidad y temor. Luego, llegaron las cámaras de televisión, largas horas en la Central de Policía haciendo declaraciones y una descompostura digestiva de aquellas.

Aclaro que los hechos traumáticos necesitan ser relatados una y otra vez con detalles suntuosos. Tal vez la repetición facilita la incorporación de la vivencia. Los niños necesitan escuchar repetidamente los mismos cuentos. Los adultos precisamos relatarnos a nosotros mismos las situaciones críticas. Esto es fácil de constatar cuando una parturienta relata su experiencia de parto: interminable y minuciosamente.

Volviendo a Marcela: los días posteriores al asalto, se da cuenta de que tiene miedo de caminar sola por la calle, le queda la sensación de que alguien se le va a acercar en cualquier momento por la espalda. Intenta regresar a la oficina, pero es invadida por el pánico. Pasan los días y la fobia no cede. Le llama la atención que los demás empleados del negocio retomen el trabajo sin mayor complicación. Quiere volver a la normalidad y olvidarse del trauma.

Comienzo entonces con las preguntas antes sugeridas:

–¿Qué deseos, fantasías, anhelos rondaban cerca de tu corazón? Si pudieras posar tus manos sobre el pecho y cerrar los ojos, ¿qué le pedirías al Mago Merlín?

—¡¡A quién!? -inquiere Marcela.

—Juguemos... -le respondo.

Marcela me relata, pausadamente, que hace tiempo venía pensando en tomarse un "año sabático". Ella está casada y tiene una hija de siete años. Nunca dejó de trabajar. El marido trabaja de manera menos sistemática, el dinero seguro mes a mes es el ganado por Marcela. También ahondamos en sus condiciones de trabajo: la dueña del negocio es su mejor amiga. Hace años le ofreció la Gerencia por la confianza total con la que podía delegar el manejo del dinero y de todo el personal. Pero, desde el principio, tuvo que trabajar los sábados y los domingos a tiempo completo. Siempre. A medida que el negocio fue creciendo, los empleados tuvieron mejoras en el salario, pero Marcela quedó "estancada" en sus ganancias. El mecanismo ambivalente entre negocios y amistad dificultó que Marcela le planteara a su "amiga y jefa" un aumento de sueldo, o la posibilidad de no trabajar los fines de semana, teniendo una hija pequeña.

A medida que incursionábamos en el relato —y yo me sorprendía por el maltrato en el que había quedado empantanada— surgía del interior de Marcela un enojo contenido, unas ganas de llorar y gritar insospechados. Sus descomposturas digestivas se acrecentaban a medida que íbamos diseñando un "mapa" en el que plasmábamos los acuerdos pactados o implícitos que había ido disponiendo en su vínculo con su amiga y jefa. Cada vez era más evidente para ella comprender por qué "quería cambiar de vida", "tomarse un año sabático", "irse de viaje" o "mandar todo al demonio", como textualmente me decía.

Evidentemente, el Mago Merlín estaba atento a concederle sus más íntimos anhelos. Marcela no quería continuar trabajando en malas condiciones, después de años de responder confiablemente. Y Merlín le obstruyó la entrada: su fobia le impedía ingresar a la oficina. Poco a poco fuimos brindando un lugar apropiado para que los deseos inconscientes se plasmasen.

Claro que el Mago Merlín no resolvió los conflictos: sólo obstaculizó algunos trayectos para obligarla a buscar un camino adecuado hacia la integración de su totalidad. Marcela decidió, entonces, encarar algunas conversaciones honestas con su amiga. Con gran asombro por parte de Marcela, su amiga aceptó sin ningún inconveniente los cambios sugeridos en cuanto a horarios, sueldo, responsabilidades... que le permitieron regresar en horario reducido. Un año más tarde abandonó definitivamente esta tarea y retomó sus estudios de Psicología Social.

La celebración de las crisis (o cómo aprovechar el bien oculto)

Decíamos que el Mago Merlín nos concede los deseos de modo esotérico. Los esotéricos emiten señales que luego tenemos que descifrar. Los caminos de búsqueda personal están disponibles para todos los seres humanos, pero quien quiera recorrer esos caminos, tendrá que aprender su particular lenguaje.

Lenguajes a traducir hay muchos: el de los síntomas, el del cuerpo, el verbal, el de los sueños, el de la astrología, el del *I Ching*, el de la intuición y también el **lenguaje de las crisis**.

Las crisis desconciertan. Irrumpen en el momento menos adecuado. Cambian el rumbo conocido. Acarrean consigo dolor y desconcierto. También traen a cuestas un mensajero con noticias de nuestro ser interior, especialmente si hemos dejado de ser fieles a nuestra particular naturaleza.

El desafío será "utilizar" las crisis como un sistema confiable de representación, que, al principio, se manifiesta de manera oculta. A medida que nos vamos entrenando para interpretar este lenguaje, constataremos que las señales se tornan comprensibles, análogas en todos los planos. La interpretación del lenguaje de las crisis es la llave para comprender los movimientos que acercan lo desconocido, permitiendo el nacimiento de algo nuevo.

Es conveniente admitir que los sucesos "externos" significan que del interior de un individuo emerge algo nuevo para el "sí mismo" que la conciencia necesita integrar. Nada puede nunca acontecer en la vida de alguien que no sea reflejo de algo que existe en su interior. No encontraremos respuestas en el "afuera", en "los otros", en la política, en el gobierno de turno, en la pareja, en los padres que nos han hecho daño, ni en la mala suerte. Sólo puede acontecer alrededor de nosotros lo que ha alcanzado en nuestro interior cierta madurez para ser vivido.

La tarea del profesional es recordar que nada es culpa exclusivamente de otro, porque profundamente todos somos uno, atravesados por la misma corriente vital, unidos al Universo por el mismo hilo invisible de energía; mostrar que compartimos nuestros procesos y utilizamos a los demás para proyectar en una gran superficie las huellas de nuestro mapa interior.

Los profesionales contamos con la irrupción de las crisis para iniciar un trabajo de introspección hacia el centro de cada ser. Es tarea del profesional **nombrar** la crisis y, por supuesto, **celebrarla**, ya que el individuo que consulta ha permitido dejar una puerta entreabierta por donde su propia energía busca salida.

Luego el profesional tendrá que "completar" el mapa con todos los personajes que participan (pareja, familia, red social, comunidad) para ver un "todo completo" vincular. Luego intentará **llevar a la persona afuera** del mapa, con el único fin de observar el juego desde cierta perspectiva.

En dicho mapa, estarán entremezclados el pasado, el presente y el futuro, ya que el alma no distingue las banalidades del tiempo lineal. También tendrá que imaginar cuáles son las oportunidades de crecimiento que la crisis proporciona con generosidad, para trazar las potencialidades ocultas del individuo y contribuir con el fluir de su propia energía.

Por último –levantando las copas por la bendición del cambio– el profesional se abocará a la más ardua labor: encontrar **las preguntas adecuadas**.

El caso Renata y Gustavo

Renata consultó varias veces sin que yo tuviera claro cuál era su pedido. Quería tener un acercamiento conmigo, bucear en su interior, aprender... Es una mujer joven, muy bonita, con tres hijos pequeños, economista, casada con Gustavo, viviendo una vida cotidiana cómoda y sin sobresaltos.

1- Breve biografía humana de Renata

Renata nació en un pueblo chico, su padre trabajó siempre para cubrir las necesidades de su familia y, además, se dedicaba a investigar sistemas para generar energía alternativa. Hoy en día lo llamaríamos "ecologista". Su madre se dedicó a criar a sus cuatro hijas mujeres como "niñas educadas y bondadosas", velando por la pulcritud, el arreglo del cabello, los buenos modales y la docilidad. La madre amaba el arte y dedicó parte de su vida al desarrollo de actividades artísticas en el pueblo donde vivían. Renata asistió a una escuela de monjas, era bastante "pacata", según la descripción que hizo de sí misma, hasta que vino a Buenos Aires a estudiar Ciencias Económicas. En la universidad conoció a Gustavo. Él fue su único novio y al poco tiempo se casaron. Luego nacieron los niños y Renata inició algunas búsquedas personales a través de cursos de Filosofía oriental, naturismo y meditación.

Al hablar de su infancia, describe la sensación de estar aprisionada dentro de una botella cerrada a presión y de haber sido obligada a permanecer como "eterna niña bonita y educada", haciendo siempre lo correcto o lo que se espera de ella. Siente que algo dentro de ella está a punto de estallar, aunque no sabe qué es.

Su marido viaja muy frecuentemente por trabajo. Ella lo espera, lo escucha, lo avala y, muy tímidamente, se queja del hecho de que Gustavo "desperdicia" su energía en sostener emocionalmente a todas las personas con quienes se vincula laboralmente, de un modo exagerado. Sin embargo, a ella no le dedica prácticamente atención emocional. Trabaja muchas horas fuera del hogar. A veces, incluso los fines de semana. El sostén económico es total.

Breve biografía humana de Gustavo

Gustavo es el último de cinco hermanos. Durante su infancia vivieron muchos años en Inglaterra, por motivos laborales del padre. Su padre fue un empresario exitoso, emprendedor y muy exigente con sus hijos varones. De hecho, estudiaron en un colegio inglés "de categoría". Gustavo recuerda sentirse muy solo de niño, deslumbrado excesivamente por su padre, queriendo devenir alguien similar a él, exitoso, inteligente y admirado por las mujeres. Gustavo habla de su padre, refiriéndose a "Dios". La madre era hija de un hombre multimillonario, excéntrica, caprichosa, depresiva, gastadora compulsiva. Sólo lograba calmar su ansiedad comprando objetos de valor y se relacionaba con sus hijos con la misma modalidad. Durante la adolescencia, regresaron a la Argentina, y al poco tiempo sus padres se divorciaron. El hermano mayor de Gustavo consumía drogas, a tal punto que tuvo graves descompensaciones y estuvo al borde de la muerte. Sin embargo, nadie tomó demasiado en cuenta la enfermedad, lo internaron en instituciones muy costosas, sin revisar en ese entonces las dinámicas familiares, ni qué podría tener que ver con cada uno esta terrible adicción.

Gustavo conoció a Renata en la universidad y se casaron. Había tenido numerosas experiencias con mujeres, con un estilo de "Don Juan" que le permitía ser admirado mientras cosechaba éxitos en el ámbito laboral. Su mayor ambición era lograr triunfos similares a los de su padre.

2- Puntos cero (o crisis concedida por el Mago Merlín)

Aquí se juntan en una misma situación crítica las vivencias de Renata y Gustavo: regresando de un extenso viaje por motivos de trabajo, Gustavo decide confesarle a Renata cómo es en realidad una porción importante de su vida cotidiana. Resulta que es un mujeriego empedernido, sale con muchas mujeres, vive de noche, gasta enormes cantidades de dinero y esta dinámica aumenta considerablemente en el descontrol de los viajes sin su mujer.

Renata regresa a consultarme en compañía de Gustavo. Imposibilitada de emitir palabra alguna, se muestra impactada, shoqueada y al borde de la desesperación. Permite que Gustavo me vaya explicando qué ha sucedido. Ella sólo atina a decir que el hecho de enterarse después de doce años de matrimonio cómo es en realidad su pareja, representa su "propia caída de las Torres del 11 de septiembre". Siente que su vida ha dado un vuelco inexplicable. No sabe con quién está casada. No sabe qué quiere. No sabe qué es lo correcto. Tiene la sensación de revolver entre los escombros.

3- Trazado de mapas

El mapa que dibujé antes de este episodio, cuando Renata me consultaba a solas, era el siguiente:

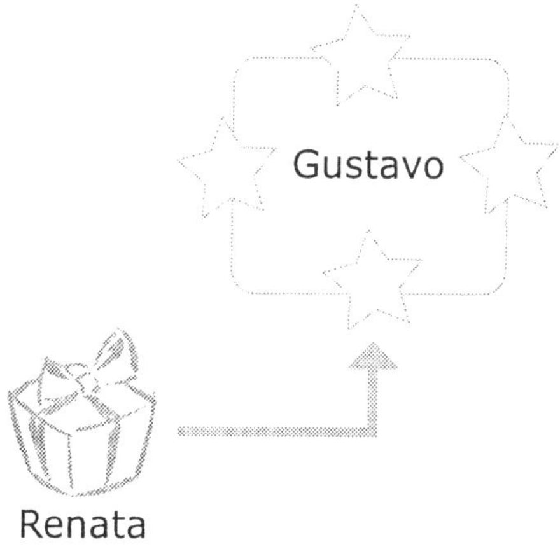

Imaginé a Renata sosteniendo desde un "paquetito cerrado y sombrío" la visible "genialidad" de Gustavo.

4- Percepción personal

Tengo la certeza de estar frente a dos personas bellas, jóvenes y brillantes. Y que han polarizado al máximo su propia oscuridad. Aunque Renata no sale de su asombro, es evidente que contribuyó activamente al descontrol de Gustavo, que, en el fondo, es una búsqueda desesperada de amor primario. Se aman, pero vamos a trabajar sobre el funcionamiento del vínculo, no sobre la intensidad del amor. Detectar cómo cada uno puede colaborar con el otro compasivamente, integrando todas las posibilidades latentes en su naturaleza humana.

¿Por qué Gustavo decide en un momento determinado exhibir esta realidad? ¿Por qué ahora y no antes o después? Creo que Renata se ha vuelto más intuitiva. Reclama conexión afectiva sin tener clara la situación y Gustavo se da cuenta de que continuar mintiendo ante cada pregunta de Renata equivale a contribuir a que enloquezca. Aparentemente Renata desea salir –inconscientemente– de su "botella a presión", abandonar el lugar estático de niña educada proyectando en su marido sus ansias de libertad y extravagante independencia. Había "algo" que no daba para más.

5- Hipótesis

Encaro el trabajo considerando a Gustavo como un **adicto**. Adicto en parte a las mujeres, pero **adicto** muy especialmente al **reconocimiento social**. Admite, poco a poco, que toda su energía se desperdicia mostrando al mundo sus hazañas. Ya sean éxitos laborales, buenos contratos, dinero, acuerdos favorables con clientes, escalada de posiciones o la conquista de mujeres. Es inmensamente creativo, sin embargo, analizando minuciosamente la dedicación que le prodiga a cada cosa a lo largo del día, nos dimos cuenta de que dedica muchísimo tiempo a atender dificultades emocionales de empleados, solucionar problemas maritales, guiar a mujeres jóvenes en el aprendizaje de su trabajo, mientras las lleva a la cama, y compartir almuerzos interminables para demostrar un cierto nivel económico y social. Todo esto con el único fin de ser **reconocido, admirado, venerado** y considerado un "dios", como muchos colaboradores le han dicho, como necesita ser juzgado para finalmente obtener el amor de su padre.

Por otra parte, trazamos con Gustavo una **curva** con el fin de identificar la **compulsión** (la necesidad urgente de **obtener**, de **introducir** –ya sea **droga o reconocimiento**) y para detectar toda la gama de sensaciones mientras dura la compulsión: cómo la obtiene, la canaliza, se calma... y cuánto tiempo pasa hasta que aparece la compulsión nuevamente. No tardamos mucho en constatar que la fase más penosa para el drogadicto es la **abstinencia**. Esa desesperación –que borra las fronteras de la conciencia y por momentos prefiere aliviarse acudiendo a la muerte física– aparece si no se obtiene rápidamente la sustancia que nos permita salvarnos del infierno. En esta curva imaginaria, cada vez la brecha es mayor entre la vida activa sostenida con drogas y la caída al fondo del precipicio donde moran nuestros demonios. Por eso nos entrenamos para no tocar nunca la línea divisoria entre la luz y la oscuridad ("yang" y "yin"), necesitando consumir droga permanentemente.

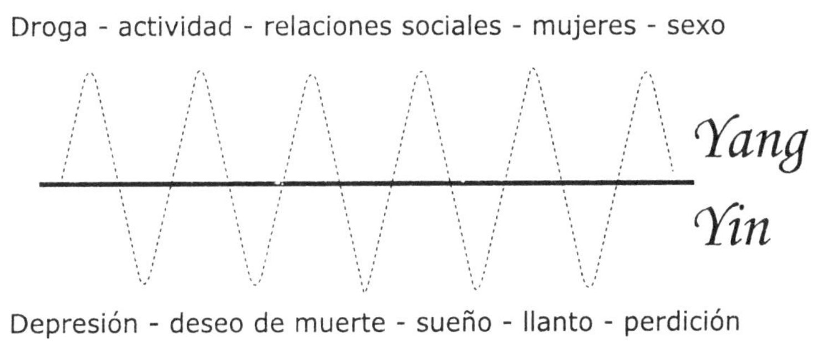

Gustavo admite que, efectivamente, duerme un promedio de cinco horas por noche. Y que se "inyecta" **reconocimiento social** a cada instante. Bebe de la mirada de los otros, de la admiración y la gratitud de los demás. Los necesita desesperadamente. Cree morir si no los adquiere.

La adicción es siempre un pedido desesperado de un **amor que no se obtuvo**, generalmente siendo bebés o niños muy pequeños. Luego se desplaza hacia otras sustancias, necesitando incorporar lo que sea. Estamos dispuestos a pagar con nuestra vida con tal de conseguirlo. Así de intensa es la necesidad de amor en los seres humanos.

Gustavo decide trazar en su cuaderno una curva cotidiana. Queda estupefacto al constatar que tiene decenas de compulsiones por hora. Su cabeza no se detiene. Toda mujer que ve en un bar, en la calle, en la oficina, le dispara un sinnúmero de fantasías arrojándolo hacia ellas. Es un hombre muy apuesto y consigue fácilmente buenos resultados. Renata escucha con estupor y va "hilando" anécdotas, situaciones, escenas antes incomprensibles. En medio del dolor confiesa que al menos se siente aliviada. Que no está loca. Que sus percepciones tenían una explicación. Dice estar atravesando un duelo, ya que el marido que tenía "se murió". Está tratando de alinearse y saber si este hombre que tiene al lado le interesa. Llega a las entrevistas con el pelo suelto, largo y enrulado. Un poco más sexy y desinhibida que antes. Me alegro íntimamente por este sutil cambio en su energía. Menos recatada y más brava.

La tarea que emprendemos con Gustavo es la de tratar de **achicar**, poco a poco, la **brecha** entre las alturas de la droga y la caída al fondo del océano de la abstinencia. Se me ocurre que la principal aliada puede ser Renata, recatada y equilibrada. Quiero recalcar que ambos son dos seres extremadamente inteligentes, conscientes y dispuestos a revisar a fondo sus luces y sombras, incluso pagando los precios que sean necesarios. No hay un pedido de salvar necesariamente el matrimonio. Al contrario. Renata expresa que ella quiere ayudar a Gustavo a curarse y que desea explorar todas sus potencialidades dormidas, trascender su yo consciente y experimentar los laberintos de su totalidad. No le importa qué pueda suceder con el vínculo de pareja. Ambos apuestan a la comprensión de sí mismos. Los tres damos la bienvenida a la crisis, agradecemos al Mago Merlín y, aunque parezca dramático, nos reímos mucho en las sesiones.

6- Conclusiones

Mientras escribo estas líneas, Renata y Gustavo están permitiendo mi acompañamiento.

No transcribo la riqueza de los múltiples aprendizajes, ya que necesitaría un libro entero dedicado a este proceso. La vida cotidiana es mucho más compleja de lo que podemos teorizar en un consultorio.

Les relataré a modo de ejemplo, que acordamos ciertas dinámicas: una de ellas es que organizamos los tres juntos la agenda diaria de Gustavo. Allí constata la cantidad de actividades que son literalmente **"droga"**. Por ejemplo, en un solo día "suspendimos" una fiesta organizada en su honor por un grupo de emprendedores. También anulamos un almuerzo con un ex empleado que necesitaba orientación para hacer un doctorado en Inglaterra. Y delegamos en otros la corrección de unos estudios que llevaría horas de trabajo, aunque era muy sencillo de realizar por cualquier empleado. Entonces permaneció atónito ante la agenda del día casi vacía y disponible. Eso es abstinencia. Desesperación. Para que la curva no "caiga al precipicio", organizamos un almuerzo familiar con los niños en casa. Todas las mujeres reclamamos a los varones más disponibilidad para la dinámica del hogar, pero Renata históricamente se abstuvo. Recordemos que es una "niña educada".

No es fácil para Gustavo "limpiar" su agenda, llena de obligaciones que sólo le ofrecen un reconocimiento desmedido. Justamente porque la abstinencia es dura, lo obliga a conectarse conscientemente con sus aspectos sombríos, con sus necesidades, anhelos, fantasías, sueños. También nos hemos abocado a revisar la imagen construida de su padre interior, pero no relataré aquí los descubrimientos compartidos.

Asimismo, estamos intentando abrir cuidadosamente "el paquetito" de Renata, evaluando a la Renata–niña y sus temores, su ceguera, su burbuja infantil y sus creencias insostenibles. Estamos esperando que emerja la Renata–adulta, madre de tres niños, inteligente y vivaz, con su identidad amenazada y, sin embargo, a merced de la totalidad, conectada con las partes que en el pasado ha relegado a su sombra.

Es temprano para saber hacia dónde nos conducirá el Mago Merlín con sus revoloteos mágicos. Pero confiamos que siempre será al centro del ser esencial, allí donde moran los atributos con los cuales aún no hemos entrado en contacto.

Capítulo 9 - Al encuentro de problemáticas dolorosas

Abordar la enfermedad grave y la muerte de seres queridos.
El caso Eva. El duelo como período de apertura
de conciencia. Abortos: sacándonos las caretas. Los embarazos
interrumpidos espontáneamente. Rol profesional
en la atención de problemáticas dolorosas.

ABORDAR LA ENFERMEDAD GRAVE Y LA MUERTE DE SERES QUERIDOS

En el rango de situaciones dolorosas e incomprensibles para la psique humana, probablemente la enfermedad grave y la muerte de los seres queridos sean las más arduas para afrontar. Los profesionales que trabajamos en el dominio de las relaciones interpersonales, no podemos eludir la confrontación con estas realidades y la manera en que cada persona las sufre, las comprende o las integra.

Frente al desmoronamiento que trae consigo a veces la pérdida física de un ser amado, nos perdemos en un viaje al submundo del inconsciente ("yin"), sin estar preparados para dicha travesía. El océano emocional está totalmente revuelto, oscuro, lleno de peligros que nos acechan y creemos que moriremos en cualquier momento, incapaces de sobrellevar la ferocidad del sufrimiento. A veces esto sucede literalmente. Otras experimentamos una muerte espiritual, es decir, no necesariamente física.

En medio de la tormenta, con las velas partidas y el barco a la deriva... aparece nuestro hijo en pijama, sin poder dormir... aduciendo que lo picó un mosquito. Entre pomadas para la piel y guerras contra los insectos, surgen las preguntas. Así, los niños nos obligan a ordenar de alguna manera las creencias que se desorganizan en nuestro sistema erigido en el pasado. **Hablar con los niños** es una manera decorosa de hablar con uno mismo, convirtiéndose en una oportunidad de enderezar la embarcación. Por eso, creo que vale la pena entrenarse.

Obviamente, nuestro **eje** a desarrollar en la comunicación **es la verdad**. El problema radica en ofrecer recursos al adulto sufriente, para que desde **su propio eje** pueda sistematizar un hilo coherente entre su pensamiento, sus sentimientos y su identidad hecha pedazos. Y desde ese estallido de destrucción, ¡logre decir alguna verdad al niño en cuestión!

En primer lugar es necesario acompañar al adulto en la búsqueda de su **propia verdad**.

Este recorrido será más o menos complejo, dependiendo del recorrido personal que el individuo haya desarrollado antes de la pérdida reciente. Al igual que las crisis o los síntomas físicos, **toda muerte es anunciada** si hemos sido capaces de detectar las múltiples señales que indefectiblemente aparecieron en nuestro camino. Por eso, el dolor será más o menos posible de integrar en nuestra vida, si estamos abiertos al fluir eterno de la vida. Claro que esto es mucho más fácil de decir que de atravesar. El dolor no se aplaca, sólo se canaliza en la búsqueda de comprensión.

La **"propia verdad"** sugiere ordenar los infinitos acontecimientos de una vida, las luces y sombras, lo que la conciencia permitió integrar y lo que rechazó. Es decir, frente al impacto de una muerte cercana, es indispensable iniciar un trabajo de reconstrucción de la **biografía humana** de la persona que consulta, delimitar los **"puntos cero"**, trazar los **mapas familiares**, reconocer nuestra **percepción personal** y elaborar una **hipótesis** general para el trabajo. Por sobre todo, **no sucumbir ante el impacto** que las noticias sobre la muerte nos ocasionan. Porque entonces no estaremos en condiciones de comprender "ese todo".

Les relataré un caso que grafica claramente cómo el dolor por la muerte de un ser querido facilita el encuentro profundo con la propia verdad.

El caso Eva

Eva solicitó una consulta conmigo, porque había escuchado una conferencia donde me explayé sobre el tema: "Los niños y el derecho a la verdad". Su principal preocupación era cómo hablar con sus dos hijos de seis y tres años sobre la muerte próxima del abuelo paterno, gravemente enfermo de cáncer. Dispuesta a obtener una lista de respuestas confiables para utilizar en las conversaciones con sus hijos, fue haciendo las preguntas que traía anotadas prolijamente en un papel.

Por supuesto, la interrumpí distraídamente, preguntándole suavemente sobre su vida, su familia, su infancia... Eva respondía escuetamente para regresar a sus asuntos. Supe que su padre había fallecido cuando ella tenía sólo tres años de edad.

–¿Por qué murió? -quise indagar.
–Tuvo un paro cardíaco.
–¿Qué edad tenía?
–Treinta y tres años
–¡Qué joven! ¡Qué raro! ¿Acaso era cardíaco?
–No... en realidad es una historia complicada...

1- Breve biografía humana

Eva había vivido toda su infancia con su mamá y una hermana, apenas un año menor que ella. La madre se había dedicado amorosamente a sus dos hijas, ya que había enviudado muy tempranamente. Siempre se les relató a las niñas que el papá había fallecido por un problema en el corazón. Fueron muy apegadas también a los abuelos maternos, sin conservar ningún vínculo con la familia paterna. Se criaron y crecieron protegidas por el amor de su madre, amparada, a su vez, por sus propios padres. La madre nunca se volvió a casar. Eva estudió bioquímica, logrando completar una excelente carrera. Pasando sus últimos exámenes, un profesor universitario casualmente le pregunta: "¿Su apellido es Cassarini? ¿Usted tiene algo que ver con la familia de la fábrica de plásticos Cassarini, los que tuvieron la desgracia de que el hijo se suicidara en la propia empresa? Eran vecinos nuestros, por eso los recuerdo...".

Así se enteró Eva, a los veinticuatro años, de que su padre había decidido quitarse la vida cuando ella era aún muy pequeña.

¿Qué hizo Eva con esta revelación? Nada. No habló con nadie, no encaró a su madre, ni a sus abuelos, no lo compartió ni siquiera con su hermana, que era su confidente.

Años más tarde conoció a Alberto, se casó, tuvo dos hermosos hijos. Y se apegó afectivamente a la familia ascendente de Alberto: amaba a su suegro como si fuera su propio padre.

2- Puntos cero

Creo que el primer **"punto cero"** de Eva es efectivamente la muerte de su padre, del que no tiene recuerdos conscientes. El segundo **"punto cero"** es el **encubrimiento** de la trágica realidad, sostenida por el dolor e incomprensión de la madre, seguramente con el aval de toda la familia materna. Aunque Eva no tenga ningún registro de este comportamiento, no deja de ser real para el inconsciente. El tercer **"punto cero"** es la **"revelación"** casual de la verdad, traída de la mano de un hombre desconocido en un momento cualquiera.

3- Trazado de mapas

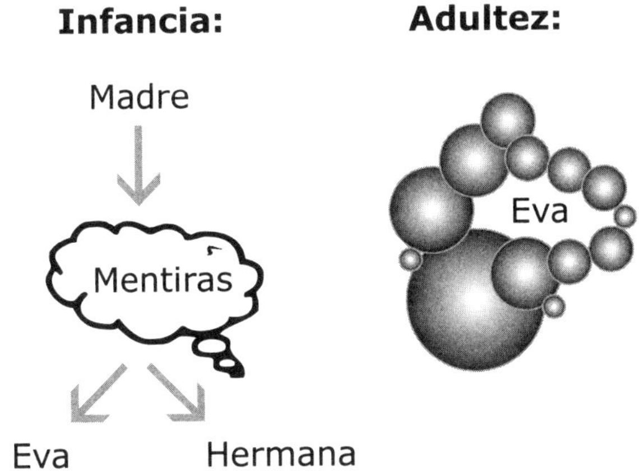

Imaginé un primer mapa de su infancia y juventud, sostenido por la madre a través del ocultamiento de su propia verdad. Luego, un segundo mapa a partir del instante de la revelación. Sin embargo, Eva decide encerrarse en una burbuja imaginaria, dejando afuera su "yo soy", suponiendo que así será capaz de permanecer inmune al sufrimiento.

4- Pedido inconsciente al Mago Merlín

Su suegro era un hombre muy ligado afectivamente a Eva y su familia. Tenía una extraordinaria presencia como abuelo: era divertido, proveedor, juguetón y atento. La mayor preocupación para Eva era "cómo decirle a los niños que el abuelo moriría pronto", cómo explicarles qué significaba morirse y cuánto sufrirían sus hijos. En definitiva, Eva estaba buscando respuestas para sí misma, necesitaba finalmente ordenar su dolor.

5- Percepción personal

Eva es una excelente madre, genuinamente preocupada por sus hijos. Estaba convencida de que había que comunicarles la verdad.

Me llamó la atención lo **sorprendida** que estaba cuando comencé a relacionar "**la no verdad** frente a la muerte temprana de su padre" con **"la verdad"** frente a la muerte de su "otro padre". Aunque "desde afuera" nos resulte evidente a partir de esta lectura, generalmente cuando estamos inmersos en los embrollos emocionales, nada es tan claro como parece.

6- Hipótesis

Para mí se trataba de una **"actualización"** del duelo. Esta vez tenía la oportunidad de vivirlo con inmenso dolor, pero también con plena conciencia. Me pareció que para encontrar las palabras justas en el diálogo con sus hijos (ese era su motivo de consulta original) era menester **hablar previamente con su propia madre**. Encontrar **"alguna verdad sostenible"** remontando la historia, investigando quién había sido su padre, cómo había sido el vínculo con su madre, cómo habían atravesado el dolor, qué habían comprendido sobre su suicidio. Sin juzgar a su madre –que en épocas pasadas seguramente hizo lo que creyó mejor y menos doloroso para sus hijas.

Eva era actualmente una mujer adulta. Y merecía ir al encuentro de su propia verdad. De lo contrario, nunca encontraría **palabras propias** para nombrar lo que le pasaba. Hablar sobre la muerte de un ser querido con sus hijos necesitaba –preliminarmente– que ella hablara consigo misma sobre la muerte de su padre. Para ello necesitaba información. Reconstruir la historia. Erigirse frente a su madre como adulta. Mostrarle que ya estaba apta para escuchar. Preguntar. Ensamblar los datos. Trazar ideas. Conectarse con sus sensaciones primarias. Fusionarse con su ser niña. Ser ella misma.

Una vez obtenida información confiable, era imprescindible que entonces hablara con sus hijos. Que les relatara quién era ella, quién había sido su padre, por qué o para qué se había quitado la vida. Cuánto dolor se actualizaba en su interior frente a la muerte cercana de su suegro, que había cumplido la función de padre en su adultez. Lo importante que devenía –en su lugar de mamá– era ser franca con ellos, contarles toda la verdad, al menos lo que ella pudiera abarcar de la verdad.

Y abrir entonces con los niños un espacio de intercambio amoroso, de recogimiento y fluidez. Un lugar suave que nos cobija cuando el dolor nos fragiliza, cuando queremos escuchar el silencio. En fin, ampararse en la serenidad de estar juntos.

7- Conclusiones

Eva intentó tímidamente establecer conversaciones con su madre y su hermana. Al mismo tiempo, fue compartiendo con su esposo y sus hijos algunos indicios de su búsqueda personal.

Me llamó por teléfono una mañana muy temprano: su suegro acababa de fallecer, ella estaba abrazada a sus hijos, que plácidamente la acompañaban. El mayor –de sólo seis años– la compadecía, la acariciaba y le decía palabras dulces. Incluso tomó el teléfono y me dijo que su mamá estaba bien. No tuve dudas de que era un niño increíblemente solidario y amoroso. Y que Eva contaba con una familia cariñosa dispuesta a acompañarla a sanar sus heridas.

El duelo como período de apertura de conciencia

La muerte de un ser querido puede constituirse en un momento especial para el acompañamiento del proceso de encuentro personal. Los profesionales que trabajan en el dominio de las relaciones humanas, tienen la oportunidad de aprovechar el "quiebre" emocional que produce la pérdida. Al igual que con el nacimiento de los niños o con las enfermedades físicas, el "quiebre" permite que se filtre la sombra, entre los vericuetos de la desestructuración psíquica.

La muerte de alguien querido nos conecta con el "más allá". Ese "más allá" tal vez sea el cielo o, tal vez, sea nuestro interior desconocido. De cualquier manera se produce un intercambio de energías a través de nuestro propio horizonte. Una danza energética de la que tenemos poco registro. Sin embargo, sucede.

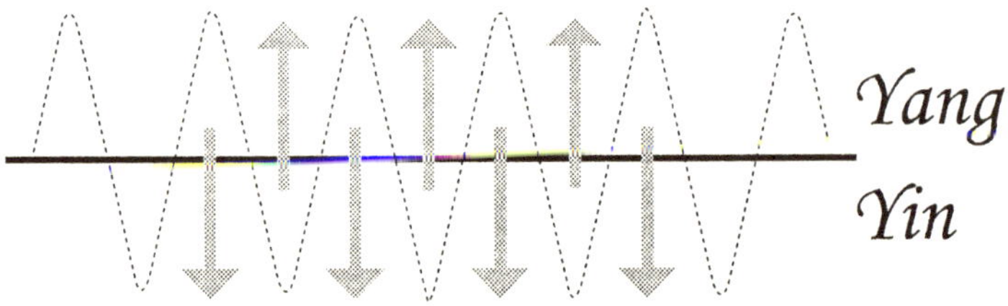

Hay personas que perciben –en período de duelo– una apertura del propio campo emocional, con un notable aumento en el poder de los sentidos. El olfato se agudiza y la piel se convierte en un "sensor" de ondas microscópicas. El tiempo de duelo se convierte así en un momento de extrema sensibilidad, despertando capacidades tribales e innatas.

También se intensifican las aptitudes telepáticas y sutiles; con mínima conexión con lo material y mayor enlace con lo etéreo.

Sucede a veces que percibimos la presencia de la persona que ha fallecido, de quien recibimos mensajes, indicios o sugerencias. Esto es posible, porque hemos aumentado la habilidad de conectarnos con lo intuitivo. A pesar del dolor, es un estado óptimo, privilegiado, de lucidez e inteligencia.

Al igual que el **puerperio**, es esperable que perdure un lapso suficientemente prolongado, para aprovechar el desorden de la desestructuración y el consiguiente surgimiento de la sombra. También es necesario liberarse de la modalidad preconcebida que la cultura tiene organizada para la vivencia del luto. Así como cada puerperio es diferente, cada duelo también lo es. Porque no se trata sólo de la persona que ya no está, sino de la experiencia de conexión con el "sí mismo". Es un proceso individual.

Repito lo dicho en capítulos anteriores con respecto a la **similitud entre puerperio y duelo**. Se trata de un pasaje, de una puerta abierta hacia la totalidad. No hay apuro para que desaparezca el dolor, ya que es justamente el dolor el que nos permite trascender las fronteras del yo aislado. Sin embargo, **no es tiempo de resolver nada. Cuando aparece la sombra, es tiempo de observación y recogimiento.**

Nadar en el océano de nuestra propia verdad, frecuentemente requiere ayuda específica. Creo que el intercambio a través de **la verdad** con los niños facilita la vivencia. Por ellos y por nosotros, es indispensable que los niños participen **sabiendo lo que se sabe en la familia.**

Los adultos inventamos respuestas religiosas, morales, o filosóficas para explicar la muerte. Que el abuelo esté en el Cielo, en nuestro corazón o se haya ido con Dios es indistinto. Lo que el niño necesita es **organizar su dolor a partir de la organización encontrada por sus padres.** Es decir, es mucho más importante que una madre le cuente a su hijo qué siente, por qué llora, qué teme, cómo es su tristeza o su desesperanza, que hablarle de Dios o de sus creencias con respecto a la muerte. Por supuesto, cada familia conserva y transmite sus convicciones; pero en el momento del impacto, el niño no pide respuestas filosóficas, sino sólo comprender qué le pasa a sus padres. Necesita saber cómo canalizar lo que siente a través de lo que también sienten los adultos que ama.

Por otra parte, los adultos merecemos la solidaridad, la compañía y el amor de los niños cuando experimentamos una pérdida. Dentro de la fusión emocional, es imposible pensarlo de otra manera. La muerte nos trae energía "yin", estamos obligados a zambullirnos, a entregarnos a lo desconocido, sin saber cómo ni cuándo lograremos emerger.

Abortos: sacándonos las caretas

En la Argentina, el aborto es ilegal. Por lo tanto, estamos obligados a considerar la hipocresía, las leyes, el dinero, el poder patriarcal (aunque suene feminista) y la condición de la mujer. Repito, en la

Argentina, plantear el tema del aborto seriamente, significa bordear la apología del delito.

Es menester recordar que en casi todos los países europeos y en Estados Unidos hay apoyo médico, económico, social y psicológico para que las mujeres que lo requieran puedan acceder a dicha práctica en las mejores condiciones posibles, tanto físicas como emocionales. Que desde hace más de veinte años que se han promulgado y efectivizado estas leyes y que, curiosamente, han permitido el descenso del número de abortos solicitados.

El hecho de que en la Argentina esta práctica sea ilegal, sugiere que **tenemos que hacer de cuenta que no existe. "Si no me pasó a mí, no existe; y si me pasó, lo olvidé"**, podría ser el mecanismo frecuente de nuestro "yo consciente".

Más allá de la moral, la religión, el pensamiento o la cultura, **el aborto existió, existe y existirá siempre, porque hace parte de la vida sexual de las mujeres**. Desde la prehistoria se conocen técnicas abortivas. No es la sociedad industrial la que las inventó.

Una mujer que decide –por el motivo que sea– **no llevar adelante** su embarazo, puede llegar a pagar tamaña osadía con su propia vida. Para la gran mayoría de las mujeres, el acceso a la práctica del aborto es económicamente imposible y socialmente inaceptable, lo que la obliga a realizarse a sí misma prácticas violentas, sangrientas y peligrosas. La **sociedad entera sabe** que las mujeres, ante la desesperación, se introducen en la vagina y el cuello del útero casi cualquier cosa con el fin de provocarse una hemorragia. En esas condiciones pueden ir "legalmente" al hospital y pedir asistencia por un embarazo supuestamente interrumpido espontáneamente, y todos, absolutamente todos los médicos que trabajan en hospitales **saben** que se trata de abortos provocados, aunque "figuren" en las planillas hospitalarias como atención de hemorragias por causas desconocidas. Lo sorprendente es que esta realidad sea tan común y que convierta la atención del aborto en una de las prácticas más hipócritas y engañosas de las que somos todos partícipes. Para colmo, esta práctica "no existe", no consta en ningún registro médico. Hacerse daño, poner en riesgo la propia vida para lograr ser atendidas legalmente en cualquier hospital o centro médico ¡parece una novela de ciencia ficción!

De modo inverso, a las mujeres con algo de poder adquisitivo, se las involucra en un impresionante negocio montado a costa del cuerpo femenino, avalado por el poder médico, el poder judicial y el poder policial.

En la Argentina, históricamente, contando con un promedio de 1.500 dólares estadounidenses, las mujeres pueden realizarse el aborto en condiciones médicas adecuadas. Esta suma de dinero paga la práctica médica y también las "coimas" que reciben las comisarías, los abogados y los jueces, de modo que el aborto continúe dando dividendos extraordinarios. Con el cuerpo de las mujeres se lucra, y mucho. Obviamente, nadie tiene ganas de perderse este "negoción". Se trata de miles de dólares por un acto médico que se puede realizar en cinco minutos, aplicando anestesia local, en cualquier consultorio que cuente con una camilla y un mínimo de material descartable. Hagamos mentalmente la cuenta de la cantidad de abortos que se pueden efectuar en un solo día, por un solo médico, en un solo consultorio, sin mayores riesgos... hay mucho dinero en juego.

Es evidente que no hay interés en modificar esta situación, amparados por la supuesta moral y las buenas costumbres. Las mujeres ricas pagan. Las pobres se mueren. Hay pocas estadísticas confiables, el tema no circula, de esto no se habla. Hay algunas pocas mujeres funcionarias –que desde **la soledad del ser mujer en los lugares de poder**– intentan redactar leyes, llevarlas a votación, trabajar en centros de salud y difundir información sobre sexualidad y métodos anticonceptivos.

Tan en tinieblas nos movemos en la Argentina con respecto al tema del aborto, que en las campañas políticas (que con los vaivenes de nuestro endeudado y subdesarrollado país las hay todo el tiempo) ni siquiera se nombra el problema del aborto ilegal. Esto equivale a desconocer la problemática de la mitad de la población. Recuerdo hace pocos años, una mujer aspirante a un puesto político, nombró soslayadamente el tema y perdió la elección. Los medios de comunicación se ocuparon de poner en primera plana un mínimo comentario al respecto. Tal vez sea el hecho de haber vivido durante los años '70 y '80 en Europa, y haber sido testigo de los movimientos de mujeres que reclamaron y obtuvieron la legalización del aborto, lo que me deja boquiabierta frente al silencio, el sometimiento y la falsa moral que nos conducen a seguir como estamos: desconectadas de quienes somos.

En la Argentina desconocemos la magnitud del fenómeno y las consecuencias, tanto sociales como individuales, que acarrea la insistencia de "no querer ver". El aborto representa la sombra del niño nacido. Es decir, es la otra cara invisible, pero presente, que mueve los hilos de nuestra ambivalencia. Preferimos que mueran miles de mujeres, antes de abrir mínimamente las fronteras de nuestra conciencia.

Llegado el embarazo no deseado, la decisión de realizarse un aborto **siempre es controvertida y dolorosa**. Ninguna mujer se somete alegremente a un aborto. A nadie le parece un paraje fantástico. Las mujeres lo supeditamos al último recurso, a la única opción posible. A veces, hay una elección interna entre la vida y la muerte.

Cualquier mujer que haya decidido abortar, lo único que necesita es **acompañamiento, apoyo, solidaridad, comprensión, amor**. No precisa juicios, ni castigos, porque estos abundan en su conciencia. Recordemos que es siempre una decisión ambivalente y complicada, y que cada mujer **tiene moral de sobra con la propia, y no necesita moral suplementaria**. Es indispensable, por lo tanto, otorgar un sostén efectivo sea cual sea la decisión individual.

Con respecto al castigo, vale la pena pensar, como sociedad, qué es lo que estamos **penalizando** en las mujeres. ¿La sexualidad de la mujer? ¿La decisión de decir **"no"** a la maternidad? ¿La capacidad de hacer uso de su autonomía? ¿La libertad?

Lo que me importa destacar es que **la mayoría de las mujeres pasó, pasa o va a pasar por algún aborto provocado a lo largo de su vida sexual activa**.

Trabajando con mujeres, con niños o con problemáticas humanas, es indispensable saber que esto hace parte de la realidad de casi todas las mujeres, independientemente de nuestra pequeña experiencia personal. Necesitamos sumar las experiencias de todas las mujeres. Si no afinamos el oído, no sintonizaremos con la escucha sutil de esto que no es dicho, porque no existe en la superficie. Es invisible para la misma mujer que lo sufre. Ha sido **relegado** obligatoriamente **a la sombra**, tanto social como individualmente. Sucede frecuentemente que un hecho comienza a existir para nosotros cuando lo hemos vivido. Por ejemplo, cuando estamos embarazadas, parece que "vemos" a muchas mujeres embarazadas en la calle. Cuando tenemos un bebé, vemos bebés por doquier. Cuando hemos sufrido un aborto, disponemos de una "antena sutil" que registra a las mujeres que acaban de atravesar por uno. Pero si no hemos atravesado recientemente por un aborto, tendremos que desplegar nuestras antenas de todos modos, porque **el otro es el otro**. Y le pasa lo que le pasa. Y merece nuestra absoluta atención.

Cuanto más el inconsciente colectivo lo relega a la sombra, más fuertemente aparece el tema del aborto en los espacios reducidos de contención y confianza. Cuanto menos exista en la sociedad, más notoriamente vivirá en los reductos femeninos. Mientras tanto, habrá que construir mayores espacios de escucha y legitimidad.

Por lo tanto, sea cual sea el motivo de consulta aparente por el que una mujer llega a una entrevista terapéutica, al tejer la **biografía**

humana, es indispensable **preguntar específicamente** si ha sufrido algún aborto en su vida. ¿Cómo y cuándo formular esta pregunta? ¿No puede sentirse violentada la mujer que sólo viene a consultar porque su hijo se hace pis en la cama?

Hemos visto que la **biografía humana** requiere la organización de una historia cronológica. Al abordar la adolescencia y el inicio de las relaciones sexuales, interrogaremos sobre las relaciones amorosas y si ha habido algún embarazo a consecuencia de esas relaciones. Continuando el relato de los vínculos amorosos, preguntaremos si estando ya casada hubo algún embarazo anterior a los embarazos de los hijos nacidos. Insisto en que el aborto es un hecho que automáticamente **relegamos a la sombra, porque no tiene lugar en el inconsciente colectivo para existir**. Por eso no es posible esperar que la mujer hable de este hecho espontáneamente, sino que el profesional deberá preguntar amorosamente, habilitando la existencia del aborto. Y con el consentimiento de la verdad, explayarse en la vivencia personal.

Si la consultante no ha sufrido abortos, sencillamente descartaremos rápidamente estos asuntos de su vida. En cambio, si los hubo, habrá que sumergirse en los recuerdos y preguntar con detalles: si fue sostenida o no, por quién, si estuvo acompañada, si fue realizado en buenas condiciones médicas, si fue bien o mal tratada, si era adolescente o adulta, si siendo muy joven sus padres estuvieron al tanto, si el varón que la embarazó se hizo cargo, si fue un embarazo surgido de una relación ocasional. Y sobre todo, qué hizo después con el enredo emocional, con las fantasías y los castigos morales, y en definitiva, qué consecuencias físicas o emocionales atribuye personalmente al aborto provocado.

Es posible que en el tejido de la **biografía humana** aparezca el recuerdo de algo acaecido quince años atrás, olvidado y guardado bien en el fondo del corazón. Si el aborto ha sucedido siendo la mujer muy joven, es frecuente que además de conseguir sola el dinero, de atravesarlo en compañía de una amiga tan asustada e inexperta como ella, haya tenido que regresar a casa haciendo de cuenta que no pasó nada y levantándose al día siguiente para ir a la escuela como un día cualquiera. Miles y miles de mujeres hemos atravesado los abortos dentro de infraestructuras emocionales similares.

Los abortos pueden no constituirse necesariamente en un **"punto cero"** de nuestra vida, pero en principio es imprescindible investigarlo. Otras veces son el **"punto cero"** por donde "raya el disco" una y otra vez sin darnos cuenta. Estamos hablando de algo que les sucede a casi todas las mujeres, pero que vivimos como si no existiera. No se me ocurre otra experiencia humana con características tan impresionantes de disociación.

Como profesionales, puede suceder que seamos testigos de la **indecisión** de una mujer que acaba de enterarse de su embarazo, y profundamente no sabe qué hacer. Es muy complejo acompañar la ambivalencia, sin embargo, no hay otro recurso. Tanto el **embarazo posible** como el **aborto posible** están **cargados de ambivalencia** (aunque socialmente no reconozcamos que el embarazo también es ambivalente por definición).

Es importante, en estos casos, trabajar con el **deseo del hijo** que también existe, aún cuando la mujer decida hacerse un aborto. Porque **coexisten los dos deseos**. Para nuestra cultura es extremadamente complejo unir **dos deseos contrarios que profundamente son el mismo**. Y enfrentarse al misterio más misterioso, ya que a pesar de los avances de la ciencia, es incomprensible que a partir de un ínfimo instante de deseo entre una mujer y un varón, sea posible el embarazo. Esta combinación de óvulo, espermatozoide y deseo es inabarcable para el pensamiento humano. Por eso, una historia es el deseo del hijo y otra muy diferente es estar en condiciones de llevar a cabo el embarazo, el nacimiento y posterior crianza del niño real.

Sea cual fuere la decisión que finalmente tome la mujer –en un lapso relativamente corto– merece la organización de sostenes externos e internos. Y también merece que no proyectemos nuestras propias fantasías, deseos, ni ambiciones, porque cada mujer embarazada, tiene suficiente caudal de ambivalencia con lo propio.

Por otra parte, es un asunto que las mujeres, como grupo social, necesitamos resolver. Depende de nosotras la habilitación individual y social que logremos. En la era de Internet, de la tecnología de punta y de la medicina futurista, es inadmisible que las mujeres nos estemos muriendo por introducirnos agujas en nuestros genitales.

El tema del aborto –al igual que el de la violencia doméstica– si continuamos tratándolo solamente en el **terreno privadísimo de la consulta individual**, seguirá siendo un secreto. Y mientras sea un secreto, no existe en el mundo de las relaciones. Por eso, las mujeres tenemos que presentarlo en sociedad. Al menos empecemos a hablarlo abiertamente entre nosotras. Después se acomodarán los decretos, las leyes y la moral. Y los varones se integrarán caritativamente involucrándose en esta problemática que nos pertenece a todos los seres humanos.

Los embarazos interrumpidos espontáneamente

Los embarazos interrumpidos "espontáneamente" son **"nombrables"**, tienen para nuestro "yo consciente" una legitimidad social que los coloca en un rango de aceptación y solidaridad impresionantes.

Cuando las mujeres perdemos un embarazo, solemos decir que "perdimos un bebé". Desde ya, falta una palabra adecuada que nombre ese posible futuro bebé que no siguió su desarrollo. En las consultas terapéuticas es frecuente que las mujeres relaten: "Ya perdí tres bebés". Y aunque resulte antipático, es menester preguntar: "¿Bebés nacidos?". "¡No!... entre el mes y medio y dos meses de embarazo..." "Eso significa que perdiste tres embarazos."

No es menos doloroso ni conflictivo para cada mujer. Pero el profesional debe hacer la distinción, para decidir cómo va a encarar el trabajo de acompañamiento.

En principio tenemos un sinfín de preguntas. No se sabe por qué se pierden los embarazos. Lo que sí sabemos hoy en día es que hay un porcentaje muy alto de embarazos que la naturaleza descarta. En la actualidad se ha difundido el empleo masivo de los "tests de embarazo", que se adquieren en cualquier farmacia y permiten obtener un resultado prematuro, incluso antes de la fecha prevista de menstruación. Es decir, un embarazo de siete días ya da resultado positivo. Personalmente constato dos fenómenos:

1) Creo que las mujeres perdemos embriones muy pequeños con frecuencia. Antes teníamos periódicamente algunos atrasos en las menstruaciones. Luego sobrevenía una hemorragia más abundante que lo habitual, y la atribuíamos al "atraso". Sencillamente la pérdida prematura de embriones hace parte de nuestra naturaleza femenina. Por eso, cada vez más **desaconsejo** el uso masivo de "tests de embarazo" hasta dos o tres semanas después de la fecha prevista de menstruación, porque apenas aparecen las "dos rayitas" que significan "embarazo positivo" las mujeres **otorgamos identidad** a "un bebé". Y resulta que es muy usual la pérdida, ocasionando incertidumbre y preocupación, donde normalmente no hay nada para investigar.
2) También es real que hoy en día las mujeres perdamos más embarazos que "antes", sin poder especificar qué significa exactamente ese "antes". Al menos es una sensación general que obtengo por la cantidad de mujeres con las que estoy en contacto en "Crianza". Una hipótesis podría ser –tal como expliqué en los primeros capítulos– la tendencia a navegar en el mundo "yang". Es decir, el hecho de estar muy conectadas con el trabajo, el dinero, el pensamiento, el éxito laboral, el estrés de la ciudad, la ambición, la vida social muy activa, o los múltiples intereses políticos, sociales y deportivos. Un gran desequilibrio priorizando la energía "yang".

deja estéril el terreno supuestamente propicio para la fecundación. Lo deja **"desactivado"** o **"desenergizado"**. No tengo modo de comprobar estas afirmaciones, pero sinceramente me llama la atención el aumento palpable de los embarazos que se interrumpen sin causas aparentes. **Hay algo invisible, poco amoroso y receptor, que no le permite anidar al embrión.**

Las consultas médicas no encuentran motivos que expliquen las interrupciones prematuras de los embarazos, en la mayoría de los casos. Y la concepción merece ampliar nuestra búsqueda hacia lugares del alma poco tenidos en cuenta. No es necesariamente el físico "que falla", tal vez no hay absolutamente nada que falla, sino que se trata sólo de la expresión de un instante energético que busca espacio propio.

Creo que a las mujeres se nos hace cada vez más difícil imaginar nuestra vida con hijos a cuestas. La sensación que aparece suele oscilar entre optar por "una vida plena" o "una vida familiar". Hemos conquistado lugares sociales impensados para las mujeres hace sólo un siglo... pero aún no hemos aprendido a **integrar** las conquistas sociales y económicas con nuestra libertad, donde la totalidad vibre equilibradamente en nuestro interior.

Supongo que hoy en día quedar embarazada, lograr llevar adelante el embarazo, parir y criar a los hijos, es mucho más arduo, conflictivo y contradictorio que en tiempos pasados. No estamos entrenadas para navegar entre energías tan disímiles, y creo que se trata de aprender justamente aquello: vivir en la plenitud de la oscuridad y en el vacío de la luz.

En el trazado de la **biografía humana**, si la mujer ha logrado concebir y tiene hijos nacidos, es posible que cuente las pérdidas de los embarazos como anécdotas que quedaron desactualizadas y prefiere olvidar. Sin embargo, esta parte de la historia nos puede dar información valiosa sobre el modo de mirarse a sí misma, de vincularse y de comprender sus procesos personales.

Si la consulta la realiza una mujer que desea concebir un hijo y pierde los embarazos, hay una gama inmensa de preguntas a formular. Personalmente, suelo iniciar la búsqueda a partir del **espacio energético real que hay –o no– disponible** para ese futuro niño. Por supuesto, es necesario "emprolijar" los deseos dentro de la pareja, los acuerdos sutiles, la aceptación del deseo del otro, la capacidad de acompañar al otro en la realización de sus anhelos. A veces, es necesario previamente fortalecer estructuras emocionales. Alinearse. Ser una misma.

En síntesis, cuando los embarazos pequeños se interrumpen frecuentemente, propongo iniciar el recorrido por la biografía humana, como ante cualquier motivo de consulta, ya que no sabemos nada si no nos disponemos a indagar.

Los casos de las mujeres que tienen dificultades para lograr el embarazo, merecen un capítulo aparte, aunque no es mi intención explayarme en el presente libro. Creo sí que hay un fenómeno a revisar, con respecto a la fascinación que nos provocan los resultados –en algunas ocasiones muy valiosos– de embarazos logrados mediante diversas técnicas de fertilización asistida. Sin juzgar en absoluto los beneficios o los perjuicios de la utilización cada vez más masiva de dichos métodos, ¡sería necio de nuestra parte no intentar buscar un poquito más allá del óvulo que se niega a ser fecundado!

Conozco muchísimas parejas que son padres felices de niños increíblemente bellos gracias a la ayuda de técnicas de fertilización asistida. No juzgo la tecnología en sí misma. Sólo me cuestiono cuánto menos cruenta y sufrida podría ser la búsqueda del hijo, si tuviéramos la oportunidad de replantearnos nuestro pasado, nuestro presente y nuestro futuro, levantando los velos de nuestra conciencia, siendo sinceros con nosotros mismos y acercándonos a los rincones ocultos de nuestro ser esencial. Revisar nuestra sexualidad, nuestra capacidad de entrega, nuestra idoneidad para unirnos con el Universo y remover montañas anquilosadas de nuestra psique. Tal vez el niño busca un sitio apropiado, tierno y móvil. Busca un oasis de lluvia torrencial y amor exuberante. Espera ser atraído por una tormenta de estrellas brillantes colmadas de esperma. Entonces quizá la fecundación se produzca.

Rol profesional en la atención de problemáticas dolorosas

Asistir emocionalmente a otros seres humanos en períodos de pérdida, enfermedades, muertes u otras situaciones dolorosas, requiere –desde mi punto de vista– una preparación profesional específica. Desde ya, es imprescindible contar con una madurez emocional que nos permita **involucrarnos amorosamente** sin quedar "pegados" o identificados con el sufrimiento del otro.

Habitualmente tenemos miedo de aproximarnos demasiado a las personas en quienes proyectamos "peligro", "dolor" u "oscuridad". Como si la cercanía nos fuese a succionar y quedásemos luego atrapados en un túnel sin salida. Creo que este es uno de los tantos motivos por los cuales se maltrata alevosamente a las mujeres en el trabajo de parto: "Si me acerco, quedo destruida". O bien: "Esa mujer que pare y aúlla a mi lado está sufriendo desconsoladamente. Entonces **la alejo** a través del maltrato, la autoridad, la indiferencia o la burla. Y me salvo de quedar adherida a ese monstruoso malestar".

Inversamente, muchos individuos **utilizan** el espacio del otro para **depurar su propio sufrimiento**. Es común que en los velatorios las personas aprovechen el ambiente para relatar con lujo de detalles el dolor por la muerte **de su propio ser querido**. Pasa lo mismo en las visitas a las maternidades: cada parturienta queda sometida a escuchar los detalles y vicisitudes de los partos de las mujeres que la visitan, y que aprovechan la oportunidad donde todo huele a nacimiento para recordar, exponer y moldear la propia experiencia.

Obviamente esto **no es acompañar** al otro que sufre. Es **usurpar un espacio** que no nos corresponde. Aunque estas situaciones son harto frecuentes, vale la pena estar atentos: aprenderemos más sobre la condición humana.

Hemos visto entonces que frente al dolor de los demás, los seres humanos optamos: 1) por alejarnos; o 2) por ocuparnos del nuestro. Queda claro que acompañar adultamente al **otro real** requiere tener trabajadas y reconocidas las propias carencias. Permanecer limpios y emocionalmente disponibles para el otro.

Por lo tanto, el profesional que esté dispuesto a acompañar crisis y procesos de encuentro con el dolor, está obligado previamente a **ordenar** sus propias fantasías y, en lo posible, tener alguna experiencia de haber atravesado y haber encontrado sentido y fortalecimiento en la pérdida personal. También necesita convertirse en un referente sólido como **un árbol bien plantado en medio del huracán**.

Deberá operar en **dos planos simultáneamente**: el primero se refiere a la comprensión del **destino individual**; y el segundo, a la **intervención directa en las situaciones banales y domésticas**.

El "destino individual" abarca un terreno inmenso que no desarrollaremos aquí, pero, al menos, diremos que es imprescindible adquirir claridad sobre la totalidad del mapa vincular del individuo que sufre, sobre su pasado, presente y futuro. Y ubicar las "piezas" faltantes donde la pérdida en sí misma encuentre su auténtica finalidad. Acompañar al otro en la búsqueda de un sentido posible para el dolor, permite "atravesar" la crisis dentro de una estructura sustentable. Básicamente se trata de ayudar al otro a preguntarse: "¿para qué?" o "¿qué camino se abre ante esta pérdida?".

Por otra parte, a veces es necesario sugerir u organizar instancias concretas –cuando la persona sufriente querría que dichos "problemas" desaparecieran de la faz de la tierra. Por ejemplo, quién se ocupa de los niños, quién atiende el teléfono, quién realiza las tareas domésticas o incluso establecer qué se come cada día. En períodos de duelo o situaciones similares, las pautas para la vida cotidiana apenas pretenden lograr llegar al día siguiente, las metas son cortas y aparentemente insignificantes.

Tengo "en carpeta" un proyecto, presentado por una psicóloga que cursa la Escuela de Capacitación para Profesionales que dirijo en "Crianza". Se trata de organizar un **equipo similar** a las **"doulas"**. Este **nuevo equipo** que pronto organizaremos, se constituirá con profesionales especialmente capacitados para asistir a domicilio a familias que estén atravesando un período de enfermedad o muerte de alguno de sus miembros.Y en las que la desorganización emocional y concreta arrasa con todos ellos. En medio del dolor, el impacto, el sentido aún no hallado y el espanto, la referencia de un profesional que mire al conjunto, ordene, sostenga, avale y escuche, puede ser fundamental tanto para los adultos como para los niños.

En cualquier situación crítica, creo que el **pivot** emocional sigue siendo la madre (si existe una madre). Por eso, el profesional –aunque opere con todo el núcleo familiar– deberá internarse en el submundo sombrío de la madre y ofrecer desde allí una lectura posible para la reconstrucción psíquica, especialmente de los niños.

El profesional que asiste períodos de crisis, se convierte en un sostén general de la familia en cuestión.Traduce sentimientos, deseos o temores. Organiza reuniones familiares donde todos pueden decir lo que les pasa. Ayuda a elaborar estrategias a favor del funcionamiento cotidiano, con el aval de todos, incluso de los más pequeños. Despide de la casa a los personajes que utilizan ese espacio para reactualizar sus propias pérdidas y nada aportan a la recuperación de la familia en crisis. Se convierte en mediador entre adultos y niños. Organiza ayudas externas de amigos o familiares que con buenas intenciones intervienen en los momentos menos adecuados. Presta palabras para nombrar el dolor. Pone el cuerpo. Ofrece el alma.

A su vez, el profesional que asista a domicilio a familias en crisis, necesitará buscar para sí mismo un sostén. Es decir, deberá contar con la organización de una **cadenas de sostenes**. Porque estas situaciones arrasan con las estructuras psíquicas, y nadie es omnipotente. El esquema que propongo es el siguiente:

Cadena de sostenes: supervisión profesional, grupo de profesionales pares, ámbito de estudio, terapia individual, etc.

↓

Profesional asistente

↓

Madre o adulto en crisis

↓

Niños y familia en general

Es importante que cada profesional entusiasmado con esta tarea, reconozca si está en condiciones emocionales de asistir intensamente los períodos de crisis severas. Porque se precisa una gran dosis de generosidad, entrega y altruismo, y estar constantemente atentos a "no desagotar" en el espacio del otro nuestras angustias relegadas a la sombra.

Es un trabajo de profundo compromiso emocional, que requiere "períodos de descanso" y el equilibrio exacto entre acompañar estoicamente como un roble y acompasar fluidamente como el perfume de una rosa.

Capítulo 10 - Familias violentas

La violencia. Padres que desconocen su "sí mismo". La dinámica de los circuitos de violencia. Alianzas inconscientes con las personas violentas. Adicciones. El abuso a través de la depresión o las enfermedades crónicas. Violencia activa y violencia pasiva. Los divorcios y la activación de la violencia pasiva. Los cambios.

La violencia

La palabra "violencia" nos da escalofríos. Preferimos desterrar la de nuestro vocabulario, sobre todo si somos militantes por los derechos humanos, ecologistas, vegetarianos y pacifistas.

En realidad, la mayoría de los profesionales y las instituciones sociales sabemos bastante poco sobre el fenómeno de la violencia. Nos asusta, nos da miedo, la vivimos como negativa y peligrosa. Por eso, creo pertinente revisar de manera sencilla qué es la violencia, cómo la generamos y qué podemos hacer para comprenderla.

Recordemos que los seres humanos (al igual que toda cosa viva) participamos de una **totalidad polarizada en dos opuestos**. La polaridad nos permite el discernimiento: algo es bueno con relación a lo malo. Algo es lindo con relación a lo feo. Algo es grande con relación a lo pequeño, etc. De esta manera, cada ser humano, portador de una energía compleja, o más exactamente aún, de múltiples energías, suele **identificarse** con algunas de ellas. Esta identificación construye el "yo". Es decir, lo que colocamos en nuestra "conciencia". No es posible identificarse con la "totalidad". Podríamos decir que es "demasiada energía para un solo ser". De esta manera, las energías con las que no nos identificamos (pero que siguen siendo **también** el **"sí mismo"**) no desaparecen, sino que van a parar a un lugar fuera de la conciencia, que S. Freud llamó el **"inconsciente"** y C. G. Jung, la **"sombra"**. Aunque utilicemos algún otro nombre, se refiere a una parte del **"sí mismo"** que la conciencia no está dispuesta a aceptar como propia. Entonces la relega (a la sombra) o lo **proyecta**: ¿Dónde? En las **personas cercanas** o en los **acontecimientos**.

Esto equivale a decir que todas las personas con quienes nos relacionamos y todos los acontecimientos que nos suceden **pertenecen de alguna manera al "sí mismo"**. O a la energía propia. De lo contrario, no nos podrían suceder. Asimismo, nosotros participamos de la energía proyectada de los demás.

¿Pero qué tiene que ver todo esto con la violencia? Explicado de un modo muy sencillo, podemos decir que lo proyectado, generalmente, es aquello que desde la conciencia consideramos malo, pernicioso, feo, inútil, enfermizo, degradante, tosco o lo que fuera. Si lo proyectamos afuera, "el otro" es malo. Luego, nos tranquilizamos, porque significa que "nosotros somos buenos".

Mi parte de luz cree que mi totalidad es "todo luz". En lugar de reconocer mi parte de sombra, proyecto en el "otro", de esta manera:

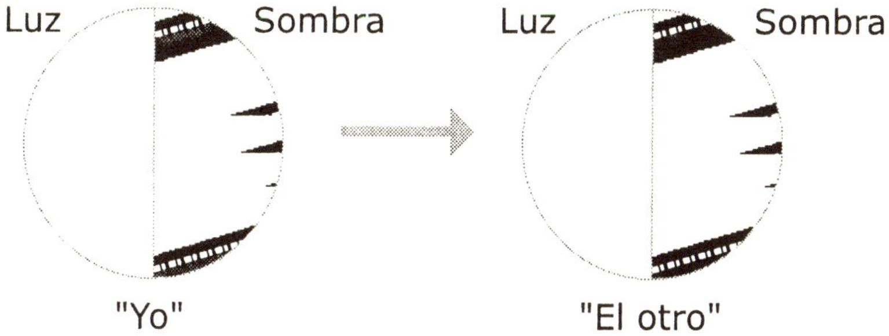

Por ejemplo: yo "soy" (en realidad me identifico como) una persona calma, concreta, segura, racional y con los "pies en la tierra". Me dedico a la cocina natural, establezco rituales para la cocción de los alimentos, doy clases de cocina con pausa y prolijidad. Disfruto de los aromas de los vegetales frescos y mi ámbito de trabajo está impregnado de deliciosos sabores. Pero me enamoro de un hombre intrépido, impulsivo y agresivo. Es alguien que lidera cada proyecto que genera, muchas ideas conviven en él al mismo tiempo y tiene una innata capacidad para llevar a cabo planes o cambiar de rumbo una y otra vez. La velocidad y los cambios de mi pareja me causarán estupor, a menos que comprenda que esa energía veloz también pertenece a mi ámbito energético, pero al no identificarme con esos aspectos, aparecen plasmados en el otro.

Con esta explicación quiero llegar al hecho de que ponemos afuera lo que no aceptamos o bien lo que desconocemos de nosotros mismos. Todo aquello que nuestra conciencia rechaza, lo plasmamos en personas, acontecimientos, situaciones que nos molestan y en contra de los que creemos que hay que luchar. No nos damos cuenta de que en realidad, estamos luchando para que **desaparezca una parte de nosotros mismos: eso es violencia**.

En síntesis, la **violencia** se genera a partir del **desconocimiento de la totalidad del "sí mismo"**. La violencia aparece cuando **mi conciencia cree** que hay **"algo allá afuera que es necesario destruir"**.

En este sentido, me interesa diferenciar el impulso, la fuerza o el deseo necesarios para lograr objetivos personales, de la utilización de las mismas energías vitales para la destrucción del "sí mismo" o de los demás. **La violencia es el rechazo o el temor a las partes desconocidas del "sí mismo"**, que creemos que debemos destruir para continuar siendo nosotros mismos. En lugar de **conocer e integrarlas**, para entonces sí, **ser cada vez más "nosotros mismos"**.

Padres que desconocen su "sí mismo"

Tomemos como ejemplo una familia cualquiera, con padres amables, niños bien educados y suficiente amor en torno a la mesa. Esos adultos, al igual que cualquiera, llevan una vida común. Hacen lo que hacemos todos: lo que no nos gusta pertenece al afuera, por eso nos "unimos" para criticar a los demás, hacemos alianzas en las amistades, la pareja, las familias, los clanes, los grupos del club, o lo que fuera. Cuantos más "malos" encontramos en el afuera, más tranquilos permanecemos sabiendo que estamos en el bando de los "buenos". De hecho, somos honestos, trabajadores, educados, estudiosos y buenas personas, no hay duda. Como no nos dedicamos a integrar nuestras sombras, aparecen indefectiblemente en algún lugar de nuestro entorno cercano: alguno de nuestros hijos se porta muy mal. En la medida que este niño crezca y cada vez se porte peor, más "afuera" lo dejaremos. Tendremos suficientes razones para "enojarnos" con él, castigarlo, imponerle penitencias que no cumplirá, con lo cual tendremos derecho a quitarle beneficios familiares. A medida que pasa el tiempo, este hijo se convertirá en el "malo de afuera" que nos permite continuar siendo "los buenos de adentro". Tendremos así un excelente lugar donde depositar **todo** lo que huele a sombrío, aumentando el vínculo de agresión, destierro, culpa y violencia que se irá generando, incluso si este hijo es amado.

Este o cualquier otro ejemplo sirve para demostrar con qué facilidad proyectamos en quienes amamos las partes sombrías de nosotros mismos. Visto desde el ángulo opuesto: ese niño, amado y **también** odiado, querido y **también** apartado; construye su "yo soy" dentro de una realidad emocional donde el **"amor" está pegado con la "violencia"** o el **"rechazo"**. Amor y maltrato vienen juntos. La fórmula que se instala a partir de la experiencia primaria es: "Me maltrata porque me ama". Luego, este niño **amado y violentado**, organizará su mundo afectivo con la inclusión de algún tipo de violencia hacia sí mismo o hacia el otro, de lo contrario, la vivencia será de **"no amor"**.

En otras palabras, ese niño, devenido adulto, sólo podrá amar y sentirse amado, en la medida que algún tipo de maltrato se active en el vínculo. Por eso, la violencia se transmite de generaciones en generaciones, y es harto difícil salir de estos circuitos. **Salir de un circuito violento equivale al destierro emocional.** Y hay que ser muy maduro y estar dispuesto a una pérdida inmensa si deseamos recorrer el camino del verdadero encuentro con nosotros mismos.

La dinámica de los circuitos de violencia

Quiero destacar que la dinámica de la violencia es "circular". Es decir, varias personas o entidades participan "atrapados" en una modalidad de donde no es posible escapar, a menos que se comprenda la totalidad de la dinámica. Los niños, por definición, no tienen ninguna opción de salir del circuito, ya que todo el mundo afectivo se organiza en torno al esquema diseñado inconscientemente por sus padres.

Hay infinidad de "formas" en las que la violencia se plasma: la mayoría es "invisible" para nuestra "visión": el descrédito (no creer lo que los niños relatan), el desprecio (desde la adultez es sencillo despreciar las "tonterías" de los niños), la burla, el abandono emocional, el desinterés, la falta de apoyo en búsquedas genuinas, pero que no comprendemos, el autoritarismo sin sentido, la retención de información valiosa, etc.

La violencia activa, que está inundada de golpes, palizas, gritos, amenazas y terror, es devastadora, pero **sobre ese tipo de violencia**

hay infinidad de libros escritos. Por eso prefiero hacer hincapié en las **formas pasivas de violencia**: porque al no ser detectadas ni organizadas dentro del mundo concreto, creemos que no existen, sin embargo desde allí hacen estragos.

Por ejemplo, con la apariencia de amabilidad y respeto, es común que los padres "cortemos las alas" a la imaginación, a los sueños que los niños desarrollan dentro de sus mundos fantásticos, repletos de hadas y duendes dorados. Es común que no los miremos genuinamente, que no seamos capaces de mirar el mundo desde los ojos de niño.

También es muy frecuente que organicemos para nuestros hijos una vida que responde a las **fantasías que tenemos nosotros con respecto al futuro de ellos**. Me refiero específicamente a los niños sensibles que pasan nueve horas diarias en el colegio más prestigioso de la ciudad, donde las matemáticas y el nivel de inglés los prepara para los exámenes internacionales más avanzados. Pero ese niño real llega a casa sin energías, sin hambre, sin deseos, sin intereses personales y con la única ambición de echarse en la cama a ver televisión hasta la hora del baño, intentando no ser molestado, repleto de mocos por no llorar. Ese niño sueña con el regreso de las vacaciones, único momento del año en que se siente un niño de verdad. ¿Qué hace la madre? Lo atosiga con la tarea pendiente, le agrega una maestra particular, porque no está al día con los problemas de geometría. Le reduce los encuentros con amigos para jugar al fútbol. En definitiva: no lo mira. No lo escucha. Eso también es abandono emocional. Eso también es violencia. Lamento decirlo.

La incapacidad que tenemos los adultos para acompañar al otro por quien es el otro, es exorbitante. Por el contrario, mirar genuinamente a los hijos exige hacer elecciones de acuerdo con sus deseos, su personalidad incipiente, sus pedidos, su búsqueda, su energía personal y única. Tratando de discriminar entre la fantasía que los adultos tenemos depositada en ellos para cumplir nuestros deseos no tomados en cuenta en nuestra infancia, de la realidad actual de cada niño.

La cuestión es que nacemos dentro de un circuito violento determinado. Hay personajes más "activos" que otros. Por ejemplo, el padre autoritario que no permite ruidos en la casa cuando llega. Luego, en ausencia del padre, la madre "descarga" su impotencia, su temor y sus enojos en los hijos que consumen amor cargado de ambivalencia. Luego estos niños "descargan" estos impulsos en otros niños de la escuela que, a su vez, regresan a sus casas lastimados o destruidos. La psicopedagoga del colegio llama a los padres a una reunión para pedirles que hagan algo con ese niño molesto, en general piden un "psicodiagnóstico" confiable. Los padres llevan al niño a una docena de consultas y vuelven con un papel firmado y sellado que certifica que el niño es hiperkinético y tiene problemas de atención. Fin de la historia. No se modifica nada en la vida de nadie, porque no hubo una sola pregunta genuina hacia ningún adulto, posiblemente tampoco hacia el niño en cuestión. No se generó ninguna situación de apertura del corazón, no hubo un solo acercamiento humano sincero, no hubo crecimiento ni comprensión personal para nadie. No circuló la más mínima idea sobre quiénes son esos padres, qué historia cargan, que vínculo han construido entre ellos y con los hijos. Nada. El desierto total. Eso también es violencia.

Otro ejemplo frecuente, volviendo a los ámbitos escolares, es el de familias violentas con niños muy agresivos, pero donde la mamá es presidenta de la Cooperadora, amiga de la directora de la escuela y trabajadora incansable a favor de los problemas que la comunidad escolar necesita resolver. Quiero decir, es frecuente que alguna persona victimizada dentro de un circuito de violencia determinado, se haga cargo de una porción de poder en otro ámbito (puede ser la escuela de sus hijos), desde donde será muy difícil endilgarle que sus hijos pegan o lastiman a otros niños. ¿Cómo hacerle esto a "ella"? ¿Cómo quejarse de los hijos de la madre que "desinteresadamente" se preocupa por todos los niños, mientras otras madres no aparecen nunca por la institución? Quiero demostrar que hay mil maneras ocultas de quedar aliados –o pegados– a situaciones de maltrato si no comprendemos la dinámica sutil, pero real, de la violencia.

Es imprescindible comprender la dinámica específica de los circuitos de violencia, detectarla en primera instancia, afinar y comprender a cada individuo que participa desde el sufrimiento y la incomprensión de sí mismo... Sólo dentro del entendimiento global de todo el circuito violento y lleno de sentido, será posible operar o intervenir en algún aspecto. De lo contrario, haremos "de cuenta" que "estamos trabajando".

El problema radica en que la violencia se torna "visible" cuando hay consecuencias. En general, es **demasiado tarde**. Cuando queda en el camino algún herido muy maltrecho. Incluso en esa instancia, si no comprendemos la dinámica particular del circuito violento, no podremos modificar nada. Al contrario, la tendencia será la de aislar aún más al "malo", que se hará cargo de la sombra de todos los que circulan por ahí, no pudiendo integrar sus propios aspectos virtuosos y dejando a los demás con la fantasía de ser eternamente puros y bondadosos. Recordemos que cuanto más creamos ser bondadosos, más "peligros" acechan en el afuera. No hay escapatoria. Ni encerrándonos con mil paredones custodiados.

Puede sernos útil pensar la "violencia" como un círculo, o un torbellino que succiona o atrapa a todo aquel que intente acercarse. De este modo, instantáneamente pasan a formar parte del torbellino destructor que ofrece a su vez el beneficio del poder.

Todas aquellas personas que se vinculan con individuos violentos, activos o pasivos, aunque se identifiquen a sí mismas como víctimas, **hacen parte del circuito. Víctima y victimario son dos caras de la misma moneda.**

Por eso, podemos detectar dinámicas violentas en un sinnúmero de situaciones, siempre y cuando quede algún damnificado físico o emocional. Personalmente, detecto con facilidad familias violentas cuando las mujeres que piden consultas terapéuticas no me pagan... Son situaciones incómodas, donde las profesionales mujeres tendemos a aliarnos con la dificultad seguramente real de la mujer consultante, que –víctima de su esposo– no dispone de dinero suficiente para la consulta que libremente solicitó. Pero la tarea –fastidiosa por cierto– es la de revisar y mostrar la dinámica familiar de maltrato original. De lo contrario, la profesional quedará victimizada por trabajar sin recibir el dinero acordado a cambio. Es decir, **succionada por la espiral de violencia invisible**. No comprender la dinámica específica de la violencia, facilita la captura emocional dentro del torbellino de leyes propias.

Por eso, nada es lo que parece. Una mujer que llora porque fue azotada por un varón, merece toda nuestra solidaridad, escucha, apoyo y atención. Pero, por sobre todo, merece comprender **la totalidad del funcionamiento que le es propio**. De lo contrario, creerá que el "malo" (en este caso el varón violento) es el otro. Luego, sin revisar sus propios modelos de amor y maltrato, cada vez que busque amor, encontrará necesariamente odio. Trabajar con las partes oscuras de uno mismo, requiere madurez, humildad y tenacidad a prueba de soberbia. A su vez, desde el lugar profesional, trabajar con personas que participan de circuitos violentos, requiere lucidez y gran obstinación por ir en busca de la verdad interior.

En toda dinámica violenta, habrá movilidad en cuanto a la posición de víctima o victimario. Como ejercicio, vale la pena buscar situaciones donde la mujer golpeada que tenemos enfrente utiliza toda su capacidad para humillar y desacreditar a alguien más débil. Desde el lugar de víctima, inconscientemente, intentará acceder al control, creyendo que así quedará más protegida. Si obtiene control, obtiene poder. Si logra poder... ya sabemos... se posicionó automáticamente en la otra "cara de la moneda".

Las personas violentas (es decir, desamparadas durante su primerísima infancia) están entrenadas para "sobrevivir" en el desierto. Con mayor o menor conciencia, han logrado llegar hasta aquí, a pesar del abandono emocional en la infancia, el maltrato físico o sutil, la desconsideración hacia su persona o la vivencia de que su mundo interno quedaba demasiado lejos del mundo de los demás. Por eso son personas perspicaces, vivas y a veces manipuladoras. Es decir, logran conseguir lo que quieren sin que los demás se den cuenta. Incluso a costa de destruir al otro: recordemos que estamos hablando de "supervivencia".

Entre mujeres es demasiado fácil hablar mal de cualquier varón, culpándolo de violento, terco, inútil, "cuadrado", bruto, poco sensible o grosero. Si en una consulta terapéutica, la mujer acusa al varón a causa del maltrato hacia ella o los niños –sobre todo si los niños están en el medio– reaccionaremos automáticamente para "sacarlo de la escena". Sentimos que es urgente salvar a los chicos.

Sin embargo, nos estamos deslizando velozmente en terreno pantanoso, que es el de "**alianza** con una persona violenta". Que en este caso **también** es la mujer golpeada que tenemos enfrente. Si lo que busca es un profesional que le "dé la razón" y si el profesional funciona "en automático" a través de la identificación... quedó atrapado en el torbellino violento. Ese profesional existirá mientras le siga dando la razón, es decir, mientras acuerde "que el violento es el otro". Apenas haya un desacuerdo, la mujer buscará otro profesional con quien hacer alianzas. Todo esto es un mecanismo inconsciente muy difícil de detectar.

Dentro del relato, **es real** que hay destrucción y dolor. Pero es necesario observar la **totalidad de la dinámica violenta** y considerar si la persona está dispuesta a reconocerse a sí misma como violenta, en primer lugar. Y, luego, si tiene la genuina intención y si dispone de recursos emocionales para iniciar la verdadera travesía por el desierto emocional.

Quiero destacar que en los casos de violencia, siempre hay alguna **"urgencia más urgente"**. Por eso parece que nunca llega el momento de revisar toda la **biografía humana**, de detectar y ordenar los **"puntos cero"**, de hacer una **hipótesis** de trabajo confiable, de preguntarle al Mago Merlín... Generalmente hay un niño en el hospital, un padre amenazando con quitarle a la madre la tenencia de los niños, hay abogados con estrategias complicadas, hay falta de dinero... y un terapeuta que queda en el lugar de conseguir buenos abogados, averiguar por mucamas confiables o gastar dinero en supervisiones por este caso que no lo deja dormir. Es decir, cayó en la **alianza**, succionado por el torbellino violento y enceguecido por las leyes de la dinámica violenta. Perdió su función profesional.

Deseo demostrar –tal vez exageradamente– que las personas violentas siempre buscan alianzas. El único modo de no quedar entrampados es comprendiendo la dinámica completa, con todos los personajes que actúan en ella. Sólo así podremos acompañar a los seres que sufren a ese lugar tan doloroso del alma: ese escenario activado de desamparo original, de muerte espiritual, vivido desde la más remota infancia, justamente cuando éramos demasiado chiquitos para arreglarnos solos en la inmensidad de la selva humana.

Adicciones

Hemos dicho que **la violencia es sinónimo de desamparo primario**. Cuando nos convertimos en adultos, el niño interior que vibra desde las entrañas sigue pidiendo lo que le falta: básicamente **amor y atención exclusivos**. Pensemos en un bebé que sólo necesita mirada, brazos y contención de su madre. Calor, silencio, arrullos, leche e intimidad.

Si no lo hemos obtenido, a lo largo de nuestra vida continuaremos reclamando exactamente lo mismo, pero disfrazado de modalidades más "aceptables" para el mundo adulto. Como un bebé que llora pidiendo atención y se atraganta con leche, el adulto se **atraganta con cualquier sustancia** que finalmente lo "llene". Ya no podemos pedirle a mamá que venga, porque tenemos cuarenta años. Entonces devoramos lo que sea: a veces algo tan inofensivo como el aire. Nos llenamos la laringe de aire como si fuera a acabarse el mundo... y entra y entra y entra... hasta ahogarnos. Esto se llama "asma". Que, como la mayoría de las "adicciones", es una gran **equivocación** del individuo. Necesitó "mamá" y como no la obtuvo, desplazó su necesidad tratando de incorporar lo que tuvo más a mano. Entonces encontró "aire". Pero no importa cuánto aire incorpore... nunca obtendrá más "mamá".

Dentro de esta eterna equivocación, cree que el asma no se cura, que no hay salida. Justamente, porque el individuo no sabe que está buscando "mamá". ¿Qué hacer entonces? Necesitamos comprender. Comprender la necesidad original no satisfecha. Comprender que es **eso** lo que estamos anhelando y luego de una profunda conexión con esa falta original, veremos desde nuestros recursos emocionales adultos, cómo podemos vincularnos con el mundo pidiendo sostenes, abrazos, miradas, atenciones y amores en el intercambio genuino con los demás. Pero sabiendo quiénes somos, de dónde venimos, qué estructura emocional hemos construido y qué posibilidades tenemos de caminar desde nuestra realidad psíquica, física y espiritual.

Entonces, sea cual sea el motivo de consulta aparente, si hay un adulto o un niño asmático, estamos obligados a preguntar su biografía humana poniendo especial atención en la detección de violencia activa o pasiva. Si hay asma, hay necesidad desplazada de obtener amor. Puede suceder que un niño sufra ataques de asma, pero que sean manifestación de la sombra de la mamá que ha vivido en su infancia una situación de desamparo importante. Esto no es lineal. Son "puntas" para búsquedas personalizadas, únicas y no generalizables.

La **adicción** es visible cuando necesito incorporar "algo" desesperadamente, de lo contrario siento que desaparezco, que muero, que me desintegro, que dejo de existir (puede ser en términos físicos o emocionales). Así, puedo ser adicto al aire, a la comida, al cigarrillo, al reconocimiento social, al trabajo, a la actividad, a ciertos vínculos, al azúcar, etc. Hay elementos muy inofensivos que usamos como "droga". Por ese motivo, quise empezar esta explicación con una droga tan "dañina" como el "aire"...

Puede resultar impactante para el lector que yo relacione el "asma" con otras adicciones, ya que el "asma" tiene mejor reputación que la adicción a las drogas duras. Provocativamente, intento salir del "juicio" o el "rechazo moral" hacia lo que comúnmente llamamos "drogadicción". Porque vale la pena que pensemos **cualquier adicción** dentro del mismo esquema de **falta de amor original**.

También quiero destacar que aunque las personas conozcamos la "nocividad" de ciertas drogas (como las drogas duras, el cigarrillo o el alcohol), no alcanza esta información para lograr abandonarlas. En la Argentina hay una ley que obliga a inscribir en cada paquete de cigarrillos la frase "el fumar es perjudicial para la salud". Aunque **sepamos** que algo nos daña, interiormente **necesitamos** esa droga para vivir. Es decir, **es más vital incorporar** la sustancia que el daño que nos puede generar. "Mejor vivir que morir", diría nuestra vivencia interior. Por eso, la incorporación de una sustancia **dañina, pero vital**, no se "combate" con la moral, ni la cultura ni las modas, porque para la vivencia del niño interno, es indispensable.

Dentro de la misma línea de pensamiento, es fácil "caer" en la adicción de "comer" y posiblemente pasará mucho tiempo antes de darnos cuenta de que no somos "libres" de decidir cuándo, cuánto y qué comemos. Porque sucede dentro del marco de la desesperación por la falta de amor original. La comida da placer inmediato, pero también desaparece el placer apenas uno dejó de comer. E instantáneamente se instala el displacer, la pesadez y el fastidio con uno mismo.

En definitiva, al hecho de que el individuo necesita incorporar alguna sustancia, pagando cualquier precio con tal de obtenerla, nos lleva a interrogarnos si estamos frente a una conducta adictiva, con el propósito de tratarla como tal. Es decir, para asistir a esa persona desde su carencia primaria.

En este punto quisiera hacer referencia al dolor que provoca la "abstinencia". Porque no se trata sólo de dejar de fumar, comer, conquistar admiradores o trabajar impulsivamente. Se trata de dejar de obtener (imaginariamente) lo que siempre nos faltó. Es doble la falta: la real y la imaginaria. Para trabajar en este sentido, son necesarios muchos sostenes emocionales –y profesionales– y una fortaleza interior entrenada para los grandes desafíos.

El abuso a través de la depresión o las enfermedades crónicas

Hemos dicho que las adicciones son acciones desesperadas para obtener lo que necesité en la primera infancia. Es una forma de relacionarse **violentamente con uno mismo**. En cambio, hay otras personas que "accionan" **violentamente hacia los demás** (no hacia sí mismas). Una modalidad "invisible" de la violencia que me interesa "descubrir" es la que se ejerce a través de ciertas "enfermedades" como la **depresión**.

Veamos algún ejemplo banal: una madre que cae en una "depresión" después de algún hecho traumático o bien "fortuitamente", cuando los hijos están en plena adolescencia. Sin que nadie se dé cuenta, los adolescentes se preocupan, se ocupan y se dedican a satisfacer las necesidades de esta madre. Las escenas más frecuentes son las conversaciones con los psiquiatras, las compras de remedios o los acuerdos con las personas que la cuidan. Llamativamente, pasan los años y esta mamá no mejora. Cuando los hijos quieren casarse o irse de la casa, alguno de ellos queda atrapado sintiendo que no tiene derecho a dejarla sola. (Generalmente la que queda atrapada es alguna hija mujer.) Cuanto más se ocupa, más le resuelve sus problemas, más se dedica y más la cuida... esta madre más reclama.

Hace algunos años, dando una clase sobre este tema, dije que **"la depresión se cura con generosidad"**. Una de mis alumnas me llamó a la semana siguiente muy angustiada, porque ella tenía una madre depresiva desde hacía muchos años. Esta alumna –a quien llamaremos Silvina– no tenía hijos, aunque los deseaba inmensamente. Se retiró muy afligida de la clase, pensando que si la depresión se curaba con generosidad, algo más tenía que hacer por su mamá: creyó que debía ampliar su generosidad hacia ella. Me quedé impactada por su interpretación y le contesté:

–Silvina, **es tu mamá la que tiene que ser generosa para curarse de su depresión, no vos.** Tu mamá tiene que hacer algo por los demás: cocinar, cuidar a sus nietos, ir a ofrecer su ayuda a una iglesia, a Cáritas, a un hogar de niños carenciados. **El que ofrece, no tiene tiempo de deprimirse.** Lo que sea, menos quedarse en la cama reclamándote presencia. Porque abusa de tu energía y no te queda nada disponible para concebir el hijo que deseás. Abusa de tu generosidad y roba todo lo vital que hay en vos. Y mientras obtenga infantilmente tu constante presencia, nunca va a abandonar su depresión, que es la llave para tenerte a su disposición.

Traigo este ejemplo para que cada lector se detenga a reflexionar buscando entre sus familiares, amigos y conocidos a las personas **instaladas en la depresión.** Y observé cómo actúan desde el poder que da la "imposibilidad" de ocuparse de nadie más que de sí mismas. Vale la pena sentir el abuso sutil e invisible que se cuela en muchos vínculos.

Ahora bien, ¿qué hacer a favor de la persona que sufre depresión crónica? En primera instancia, ayudarla a que haga un recorrido honesto sobre su propia biografía humana, reconociendo esos lugares vacíos, llenos de dolor, desamparo y violencia. Luego, apoyarla en ese camino de introspección y conexión con sus entrañas. Ver desde qué lugar puede pedir lo que necesita, sin necesidad de **someter a**

nadie. Por otra parte, todo aquel que se somete, queda "chupado" por la espiral de violencia, aunque se ocupe de todos los medicamentos, participe en las reuniones con el psiquiatra y deje de vivir con tal de complacer a quien exige presencia y dedicación sin piedad.

Puede resultarnos útil el pensar a la persona instalada cómodamente en la depresión crónica, como un bebé que pide, pide y pide. Es obvio, que por más que lo llenemos de presencia, nunca va a estar satisfecho, porque no fue llenado de leche (o de presencia) en la infancia. Esto es justamente lo que es imprescindible comprender: cómo se organiza un circuito violento donde la carencia emocional de uno somete a otro para obtener lo que de todas formas no obtendrá. Por eso, salir de los circuitos de violencia es terriblemente difícil. Requiere una comprensión global de las historias emocionales de todos los que participan de la trama.

Cualquier otra enfermedad crónica **puede** ser utilizada dentro del mismo esquema. Especialmente los cardíacos que no se mueren nunca, pero tienen en vilo a toda la familia: las escenas típicas de no darle un susto al personaje en cuestión, no hacer tal o cual cosa porque sufre del corazón, no hacerlo enojar, no preocuparlo, no involucrarlo. El cardíaco, en este caso, logra vivir en un paraíso donde las preocupaciones, dificultades y obstáculos son obligatoriamente resueltas por "los demás". "Los demás" funcionan como una "Gran Madre" que no tuvo y que ahora se ocupa de mantenerlo en una realidad de "bebé". Básicamente, sin desmerecer las enfermedades reales, me interesa que observemos cómo se juegan los funcionamientos familiares cuando el eje es la enfermedad crónica de alguien. Y digo "crónica" porque se instala. Se torna un elemento de presión, de abuso de autoridad y de violencia, a veces insospechado. Por supuesto, no es así en todos los casos. Insisto en que vale la pena revisar qué fichas se "juegan" cuando el control lo posee quien padece una enfermedad eterna.

Valoramos tanto lo que es "visible" a los ojos, que creemos que la violencia existe sólo cuando un individuo le pega a otro, lo lastima físicamente, lo hiere o lo mata. Hablamos de violencia cuando vemos películas con peleas, armas de fuego, sangre, golpes, muertes, bandos de buenos y de malos.

Desde ya, la "violencia invisible" es más difícil de detectar, aunque no es menos dañina. Justamente no le conferimos tanta importancia, porque no tiene una "forma" según parámetros cotidianos. ¿Cómo saber entonces cuándo hay violencia pero "no se la ve"? **Por los resultados.** En el caso de las familias, cuando hay niños que se accidentan con frecuencia, se caen, se lastiman, se enferman demasiado, se angustian, se pierden. Cuando los niños son víctimas frecuentes de otros niños. O cuando son niños agresivos que lastiman a los demás. O niños haciendo pedidos desesperados. O llamando la atención indiscriminadamente.

Que la violencia se exprese activa o pasivamente (como hemos visto en los casos anteriores), depende de los modelos primarios. Es decir, según el mandato o esquema vincular de la infancia, tendré el permiso ya sea para **pegar** o para **sufrir de asma**. El punto de partida es esencialmente el mismo. Es el **modelo primario** el que va a instalar la **modalidad de expresión** del enojo. Por eso la "forma" como se exprese la violencia no nos va a dar información valiosa. En cambio sí será importante trabajar con la integración a la conciencia de las múltiples experiencias de desconexión, desamparo o soledad.

Hay familias donde la violencia se expresa activamente, entonces si el niño pega en el jardín de infantes, comprendemos la lógica. Pero si otro niño pega o muerde, y en su familia no se "ve" ninguna situación violenta... es allí donde necesitamos detectar si funciona algún tipo de violencia pasiva en ese hogar. Quiero aclarar que no es matemático, siempre nos referimos a una búsqueda genuina.

En los casos de familias violentas pasivas solemos perder mucho tiempo, porque no "vemos" claramente el camino. Esto requiere experiencia, buenas preguntas, solidaridad y un acercamiento humano hacia el adulto que pide ayuda.

La violencia invisible sobre los niños se ejerce generalmente por falta de mirada, falta de interés, por abandono, por lejanía entre el universo adulto y el universo infantil. Todo niño violentado emocionalmente queda vulnerable y, en ocasiones, expuesto físicamente. Con poca estructura emocional, enfrenta el mundo exterior fragilizado. **Y cuando estoy muy frágil me puede pasar cualquier cosa.**

Cuando creemos encontrarnos con una familia violenta, será pertinente trazar **el esquema del circuito de violencia**, sin desmerecer a nada ni a nadie. Incluso, uno mismo en el rol profesional, sin darse cuenta, puede quedar succionado por la espiral violenta. Luego será necesario explicitar dicho funcionamiento, de modo que las personas que consultan comprendan la lógica de la violencia. Y por último, habrá que determinar si el o la consultante está dispuesto a pagar el precio para salir del circuito, en contacto con los lugares más oscuros y dolorosos del alma.

Los niños, en calidad de niños, son víctimas. Corresponde a un adulto sufriente (en muchos casos las madres violentas y violentadas) hacer este recorrido hacia la comprensión de sí mismo, para reconocer su propio desamparo y desde esa conciencia lograda, tener un acercamiento realmente amoroso hacia el hijo. Para esto se necesita una gran honestidad y fortaleza interior. Y, por supuesto, suficiente sostén, porque esto representa una inmersión en las profundidades de la sombra, inundadas de estrés y dolor. Esa debería ser la función del profesional: ver la totalidad de la dinámica y ofrecer un apoyo seguro que permita al adulto sumergirse sin más peligros que el encuentro con sus partes relegadas a la sombra.

La presencia de los niños activa –o torna "visible"– la violencia pasiva. A veces, por el solo hecho de "estar allí". Otras, a partir de conductas dañinas o peligrosas para sí mismos o para los demás.

Quiero decir, por último, que un niño muy agresivo genera –en ámbitos sociales o escolares– sentimientos de rechazo y enojo. Con lo cual, si pretendemos trabajar sólo con el niño en cuestión, tendremos pocos resultados y una cuota importante de frustración. Porque no es el niño el que puede modificar su conducta violenta desde su desamparo, sino que corresponde a los adultos que lo maternan y paternan, revisar qué capacidades de amparo pueden desarrollar en presencia del niño que supuestamente aman.

Los divorcios y la activación de la violencia pasiva

Durante el proceso de divorcio, nunca pasa algo diferente de lo que sucedía durante el matrimonio, aunque ahora ambos ex cónyuges se acusen de innumerables delitos. Me parece interesante, para ayudar a que los divorcios sean también ámbitos de crecimiento y de conocimiento del "sí mismo", utilizar estas crisis puntuales para comprender el funcionamiento invisible que operó siempre.

Voy a tomar como ejemplo la situación descripta en capítulos anteriores del varón infantil situado en el lado "yin" y la mujer autosuficiente instalada en el "yang", sosteniendo desde allí a los hijos.

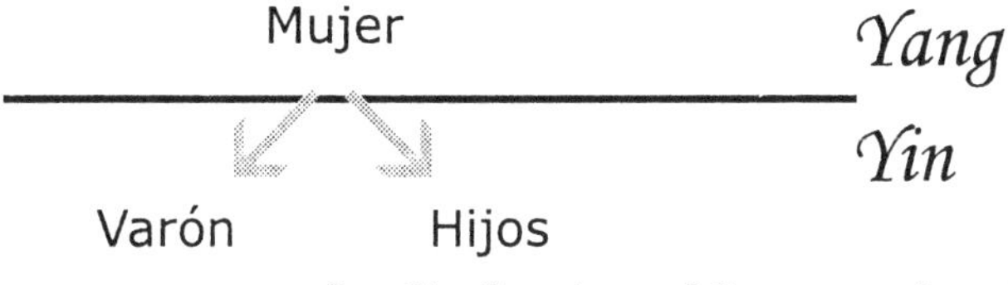

Supongamos que esta familia funciona felizmente, los chicos son preciosos, tienen amigos, hacen deportes, el esposo es un hombre bondadoso y ama a su mujer y a sus hijos. La mujer es muy inteligente, trabaja mucho, toma buenas decisiones. Los chicos son amados, tenidos en cuenta, van a un buen colegio, etc. Quiero decir, todo hace suponer que es una familia equilibrada. Sin embargo, por el esquema funcional, es probable (no es así en todos los casos, sólo doy ejemplos exagerados para facilitar la comprensión) que circule una cuota de violencia pasiva, ya que no hay nadie que "ampare" o "tenga en cuenta" las necesidades de esa mujer que se convirtió en la Gran Sostenedora familiar. Y también que fue expulsada (incluso por ella misma) hacia el "yang", perdiendo la posibilidad de fusionar con sus hijos en la primera infancia, sin conexión con sus partes sutiles, intuitivas y sensibles. Uno de los hijos sufre de broncoespasmos a repetición y pasa casi todo el invierno enfermo con gripes y anginas. El otro es un niño muy sensible que suele estar muy pendiente de los estados de ánimo de su mamá, que en el fondo no se autoabastece tanto como cree. Pero visto desde el "yang", desde el mundo de las formas, todo parece funcionar.

Un día, esta mujer decide separarse, porque se da cuenta de que en realidad está sola. Se hace cargo de todo, tanto en el ámbito económico, como en el emocional. Hace demasiado tiempo que nadie (ni su marido) le pregunta cómo está, ni hace ningún movimiento exclusivamente a favor de ella. Se siente necesitada de cuidado y protección. Hace pedidos, pero no es escuchada. Finalmente decide estar sola de verdad.

En ese preciso instante, **se activa la violencia que ya existía de modo invisible**. Concretamente, el varón reacciona, le pega, amenaza a sus hijos, empieza un litigio legal desproporcionado, amenaza con dejarla en la calle, etc. Como nadie comprende lo que sucede, solemos decir que "se volvió loco" inesperadamente, por obra y gracia de un dios maléfico que se apoderó de él.

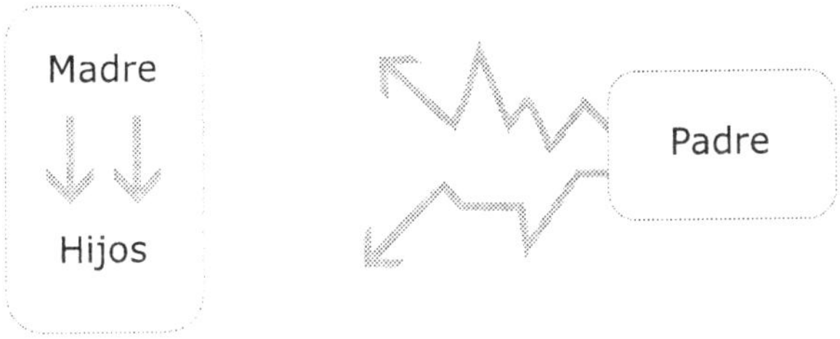

Sin embargo, si podemos "rebobinar" y comprender que la situación sostenida durante años era en sí misma violenta, no será tanta la sorpresa cuando aparezca de modo más concreto y tangible.

Recordemos que la **violencia** y el **desamparo** van juntos. La ceguera emocional (es decir, la incapacidad de mirarme a mí mismo y, por ende, de mirar al que tengo al lado) también es violencia. La adicción a obtener, obtener y obtener sin dar nada a cambio también es "violencia-desamparo". Por eso, no importa tanto la personalidad de un individuo (si es amable, tranquilo, sonriente, etc.), sino la dinámica que se pone de manifiesto dentro de los vínculos.

Cuando hay niños pequeños, si la madre es expulsada del paraíso del "yin", actúa algún modo de violencia pasiva dentro de la pareja. Esta podrá **activarse en el divorcio**. A menos que los padres hagan una alianza inconsciente y los que queden efectivamente desamparados y violentados sean los niños (hecho harto frecuente).

Cuando se activa la violencia durante un divorcio, es imprescindible comprender que todas las almas que interactúan son estructuralmente huérfanas. Y, fundamentalmente, que la violencia fue parte integrante de la construcción de la pareja, porque alguien quedó sin mirada desde el inicio. No deberíamos llevarnos sorpresas, si pudiéramos registrar la violencia sutil que muy frecuentemente inunda cada relación humana.

Los cambios

Cambiar internamente no es fácil. Los seres humanos orientamos gran parte de nuestra energía para evitar el dolor del cambio. No nos gusta perder nada, sobre todo los lugares donde creemos que se construye nuestra identidad: vínculos afectivos, trabajo, dinero, relaciones sociales, ideales y proyectos. Aunque reconozcamos partes muy desgastadas de nuestras creencias o modos de vincularnos, o incluso estemos convencidos de que no nos sirven, nos resulta abrumador dejarlos partir. Frente a las evidencias que se nos presentan en la vida marcándonos un cambio de rumbo imprescindible, solemos rechazarlas culpando a alguien externo o bien negándolas. Preferimos no "ver" las crisis que iluminan el cambio. Porque frecuentemente se presentan perturbando nuestra cotidianidad con situaciones desagradables como enfermedades, pérdidas, peleas o malestar, que provocan tensión y desorden en el orden previamente establecido de nuestra pequeña vida privada.

Las situaciones de violencia familiar, donde uno vive emocionalmente "a costa" del otro o bien donde sólo **hay lugar para uno**, pueden perpetuarse con relativa comodidad. Pero la presencia de los hijos rompe necesariamente estos lugares establecidos, instalando una crisis que, si no es comprendida, puede dejar a los niños en un confuso lugar de culpabilidad, como si fueran ellos los responsables de la crisis de pareja. Es verdad que la presencia de los niños es una crisis en sí misma, que invita al cambio profundo a través de una llamativa puerta de acceso a terrenos pantanosos y oscuros. Los niños traen cambio. Creatividad, locura y también regocijo.

Capítulo 11 - El rol profesional frente a las problemáticas femeninas

Los profesionales. El "supuesto saber". ¿Alianza o solidaridad profesional? El caso Paloma. Energía femenina para asuntos femeninos. La responsabilidad del profesional.

Los profesionales

A los profesionales "psi" nos pasan las mismas cosas que a las personas que nos consultan. Permanecemos ciegos en los propios sitios dolorosos del alma, aunque desarrollemos pensamientos lúcidos cuando se trata de iluminar los refugios oscuros de los demás. Me parece que más allá de las teorías psicológicas o ideológicas que resulten resonantes para cada uno, es menester reconocer que se trata justamente de eso: de que no somos del todo libres al decidir el tipo de pensamiento que creemos que es "el mejor" para tratar el sufrimiento de las personas, sino que cada uno tiene **su propia música**, su propia sensibilidad para escuchar o sentir ciertas energías: esas y no otras.

Personalmente he descubierto que la afinidad que tengo con cualquier mujer que deviene madre –sea cual sea su realidad económica, cultural, emocional, o sus capacidades maternantes– tiene que ver con mi propia naturaleza profunda, embebida de una enorme Luna en Casa XII (dicho esto para los aficionados o estudiosos de la astrología) que me obliga a percibir o, mejor aún, a **saber** lo que le pasa a cada madre, incluso si ella no lo sabe. Y esto no es magia ni clarividencia. **Es naturalmente así, para mí.**

Por eso, ir en busca de la naturaleza profunda de cada uno, reconocer y deleitarse con la propia música es –a mi modo de ver– una tarea indelegable para cualquier persona que esté dispuesta a convertirse en guía espiritual, como terapeuta, docente, médico o lo que sea. Sólo sabiendo quiénes somos, podemos comprender qué es lo que estamos en condiciones de "escuchar" en el otro, no por ser muy instruidos, sino porque hay melodías que percibimos sólo por ser quienes somos.

Me parece imprescindible trazar con ayuda nuestros propios "mapas familiares" a fin de detectar nuestras zonas oscuras; ya que son esas energías incomprensibles las que nos van a impactar en el relato del otro –por identificación o, al contrario, por exceso de ceguera. Si eso sucede, no usaremos nuestros dones para acompañar al otro en su búsqueda, sino que utilizaremos ese espacio para resolver nuestros propios conflictos.

Comprender cada vez más acertadamente quiénes somos nosotros mismos, a través de qué lentes somos capaces de percibir el mundo de los demás y saber que no lograremos ver la totalidad del mundo del otro, sino que apenas prestaremos nuestros cristales para que el otro intente observar desde allí... tal vez sea todo el trabajo. Desde la humildad de ser quienes somos.

Es indispensable revisar el lugar contaminado por el poder que nos puede otorgar el "supuesto saber", para no perder de vista que el consultante es quien merece toda la atención y los beneficios que la relación profesional otorga. Las confusiones suelen aparecer cuando nos refugiamos detrás de la máscara profesional: allí se pierde la intimidad del vínculo humano, porque solemos estar impregnados de malos entendimientos con respecto al rol profesional.

En el caso de madres recientes que consultan a terapeutas, pediatras o consejeros psicológicos, es necesario recordar que la madre busca ayuda **desde la fragilidad emocional** y que el profesional tiene el deber de ampararla, prestarle palabras y sentimientos, ordenar mentalmente la maraña de sensaciones y vivencias caóticas, y volver, a instalarla en su camino. Luego, retirarse con respeto y humildad. **Porque es el territorio del otro.**

Los profesionales solemos dictar cátedra sobre nuestros "saberes". Aunque vivimos rodeados de información general transmitida por revistas, libros de autoayuda o programas de televisión, y desarrollamos guías para la crianza, con parámetros confiables de educación testeados por expertos... continuamos siendo relativamente ignorantes sobre el universo de los bebés y el fenómeno maternal. Porque el vínculo fusional de las madres con sus hijos pertenece a un "saber", a una "búsqueda" de otra frecuencia. Casi diría que pertenece a otro sistema planetario, de tan estrafalario que resulta para nuestro pensamiento masculino-racional.

En este capítulo deseo profundizar el pensamiento sobre el rol del profesional, con el propósito de investigar seriamente desde qué posición pretendemos acompañar psicológica y espiritualmente a una mujer que deviene madre. Para discriminar si escuchamos libremente a quien consulta o si nos escuchamos sólo a nosotros mismos, embelesados por opiniones que seguramente "encajan" en nuestra experiencia. Y para diferenciar entre la **identificación con el otro** de la real capacidad de **involucrarnos con el otro**.

Este punto es particularmente controvertido: creo que en mayor o menor medida, todos tenemos miedo de identificarnos; por eso ponemos distancia, incluso físicamente: por ejemplo, colocamos un importante escritorio que nos "separa" del consultante, dejando claro en ese encuadre quién es importante allí. O haciendo esperar al consultante horas en la sala de espera, dando a entender que el tiempo del otro no es valioso, pero el nuestro sí lo es. O dando consejos. Demostrando todo lo que uno "sabe". Sentenciando. Otorgando remedios. Siendo poco amables.

Las teorías que establecemos suelen ser resultantes de nuestras proyecciones, experiencias o prejuicios personales, por eso es tan importante que conozcamos el tipo de "lente" a través del cual observamos la "realidad", ya que no se trata de la "realidad" objetiva, sino de la que estamos en condiciones de mirar.

Vamos entonces a explicitar situaciones banales, con la intención de desmitificarlas y de comprender cómo el miedo nos coloca en determinados lugares. Estas "perlitas" de la vida cotidiana a veces nos toca vivirlas desde el lugar profesional, en cambio otras veces la padecemos desde el lugar del consultante.

Hemos dicho anteriormente que, para la construcción de la biografía humana, es indispensable obtener información precisa, abundante y llena de sentido. La madre que consulta sólo brindará información valiosa –es decir, íntima– si siente **confianza**. No es una decisión racional, es de la panza. Y esta confianza se podrá generar si hay **acercamiento humano**, si el profesional transmite un interés profundo en la búsqueda de la verdad interior, si presta toda su capacidad intelectual y emotiva al otro.

Para obtener suficiente información valiosa también será menester practicar la **paciencia** (que es la ciencia de la paz). Tomarse el tiempo para formular las **preguntas pertinentes**. Las opiniones personales no deberían aparecer en primera instancia, ya que suelen responder a prejuicios o ideas preestablecidas, que poco tienen que ver con la unicidad y originalidad del proceso de cada individuo. En la consulta, el que está en busca de apoyo y orientación, es el principal protagonista de la historia que comenzaremos juntos.

La atención, la preocupación, la búsqueda genuina y la mirada que otorgamos nos producen, paradójicamente, la sensación de quedar "succionados" por la energía de ese otro que demanda. Por eso me parece relevante comprender que **involucrarse** es diferente de **identificarse**: una cosa es interesarse profundamente en el proceso vital de la madre que consulta y otra cosa muy distinta es la atracción inconsciente que nos genera, arrastrándonos hacia la vivencia oceánica y confusa de esa madre. Creo que este **temor** es el que induce a los profesionales a **no entrar en contacto intenso** con el otro.

Por eso, es importante elaborar las identificaciones personales, en lugar de huir de dichos torbellinos emocionales. Este trabajo depende de la **madurez emocional del profesional, no de la formación académica de que disponga.** Y también de la cadena de sostenes emocionales que construya para convertirse en un eje seguro y enraizado para sostener las emociones desgarradoras de quienes buscan ayuda.

Erguirse con seguridad no significa apoyarse en las ideas personales, preconceptos o información del consultante que obtengamos a través de otras personas. La tentación es grande, por eso se requiere aún más honestidad con nosotros mismos y la capacidad de reconocer que estamos contaminados de construcciones, de pensamiento que tendremos que "limpiar" antes de trabajar saludablemente a favor del otro.

El "supuesto saber"

Los lugares profesionales nos otorgan, desde el inconsciente colectivo, un refugio cómodo donde esconder nuestras sombras. Quiero develar qué aspectos de dicho acomodamiento desfavorecen el trabajo de acompañamiento espiritual profundo.

A modo de ejercicio, evaluemos qué sensación nos produce el emplazamiento inconsciente del profesional en la cima de la "montaña del supuesto saber":

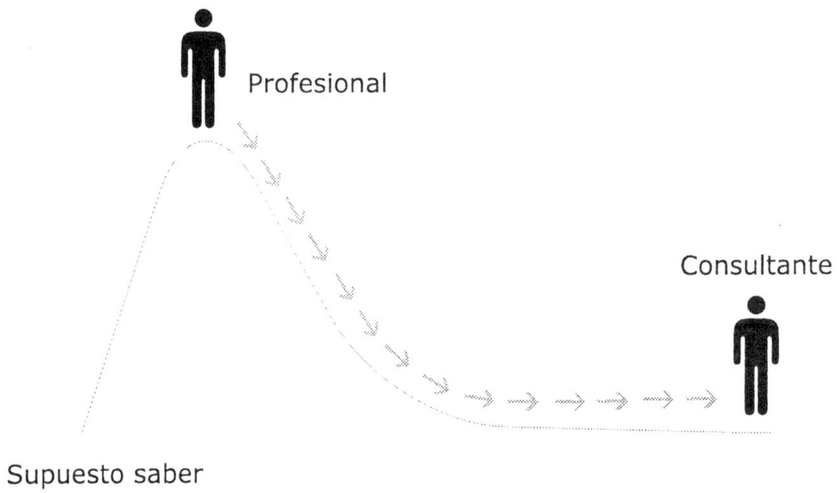

En tanto profesionales, solemos acomodarnos complacientemente en la cima de la montaña del "supuesto saber", desde donde nos sentimos "importantes" pero, por sobre todo, hacemos creer a los demás que "somos" importantes. A su vez, sumergida en las entrañas del precipicio, llena de temor y culpa, llega la madre con un niño en brazos, a consultar por alguna dificultad puntual. ¿Qué genera esta distancia que organizamos acomodados detrás de un escritorio impecable? Incomodidad, superioridad versus inferioridad, distancia, falta de comunicación sincera, vista parcial del "problema", endiosamiento, sometimiento, infantilización, miedo, inseguridad...

Obviamente no hay **confianza**.

El profesional tal vez sea muy erudito en ciertas cuestiones. Pero no trabajará a favor del crecimiento espiritual del consultante si se refugió en lo alto de la montaña del "supuesto saber". Porque ejerce poder sobre el otro. Porque su propia salvación emocional es prioritaria y eso no se traduce en crecimiento para nadie. Desde ese lugar distante y soberbio, poderoso e inalcanzable, es muy poco probable que pueda generar un encuentro genuino y libre. Entonces no circulará información íntima. Sin información no hay hipótesis de trabajo sustentable. Sin rumbo, el quehacer profesional no tiene sentido, porque no es **transformador para nadie**.

En cambio, si revisamos nuestro temor a mostrarnos tal cual somos, con nuestras luces y sombras; y sólo utilizamos el "supuesto saber" (como médicos, terapeutas, astrólogos, consejeros o maestros, formados en un área específica de conocimiento) como una cantidad de información que puede ser beneficiosa si el otro la pide o la necesita; y si organizamos un encuadre honesto de paridad humana, los resultados serán otros:

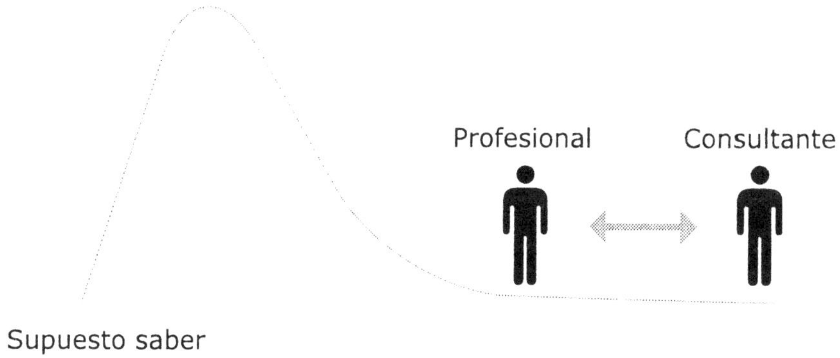

Con una modalidad cercana y tibia, nace la confianza, la comprensión y el afecto. Es cómodo para ambos, se genera respeto, solidaridad, seguridad. Permite la introspección, la libertad de ser quien somos, de preguntarnos qué hacemos aquí. Posibilita el crecimiento y la exploración para ambos.

La experiencia específica del profesional está al servicio de los descubrimientos profundos del otro, porque hace hincapié en las dimensiones interiores de cada vida humana. Luego, la tarea será encontrar palabras precisas para comunicar esas realidades sutiles que den cuenta de la sintonía particular de la vida de cada individuo, con lo que le sucede.

Las teorías psicológicas con las que nos manejamos tienen que perder potencia, ya que no son el objetivo de la búsqueda. Sólo son valiosas como puente hacia la comprensión y el encuentro con el propio destino. En ese sentido, el rol profesional tendría que ser casi invisible a los ojos del consultante: sin mediación de poder, admiración, fanatismo, endiosamiento o lo que sea que produce el hechizo por el profesional ubicado en el lugar del "saber". Cuanto más "importante" es el profesional, más pobre será el trabajo interior de la persona que consulta. En cambio, si el profesional es apenas un "abridor de puertas espirituales", modesto, humilde y generoso, el consultante podrá mirar su propia luz, en lugar de enceguecerse con luces ajenas.

Me interesa recalcar que el "saber" pertenece a cada individuo, y las madres recientes, en particular, infantilizadas y angustiadas, solemos otorgar con increíble desapego nuestro propio "saber" a quien sea. Esto es muy común en el caso del vínculo madre reciente-pediatra. En las consultas, inundadas de temores, las madres preguntamos casi cualquier cosa y el pediatra aprovecha para subir unos cuantos peldaños más a la montaña del "supuesto saber", opinando desde allí sobre casi cualquier situación íntima, familiar, vincular o afectiva que expongamos. En general, el pediatra cuenta con mínimos recursos teóricos, poca formación específica y un sinnúmero de consejos que recibimos como si fuera un legado de los dioses, con tal de tener alguna respuesta a mano. Así funcionamos. No le corresponde al pediatra ingresar en la biografía humana de la madre, investigar todo el mapa familiar, comprender la sutilidad de los vínculos afectivos, ni tomarse el tiempo para formular múltiples preguntas. No es su tarea. Pero las madres necesitamos ubicar a alguien en el lugar de "sabio" para no tener la obligación de madurar con el niño en brazos. Son juegos arquetípicos en los que cada uno de nosotros mueve una pieza para apoltronarse en los lugares conocidos y delegar en los demás los tránsitos personales. Por eso, desde el lugar profesional es indispensable captar la intención inconsciente del otro y tener en claro que aunque haya un pedido explícito para que ascendamos a la montaña, ese emplazamiento enceguecerá el camino de autoconocimiento del consultante. Si lo aceptamos, crecerá nuestro ego. Nada más.

¿Alianza o solidaridad profesional?

Los profesionales solemos caer en la fascinación del síntoma aparente. Los relatos son tan novelescos, hay tantas anécdotas en cada relato de vida, que nuestra curiosidad está de fiesta. Pero el mayor inconveniente reside en las identificaciones, es decir, en esos lugares sutiles donde uno puede vivir la propia vida pidiendo prestada al otro la suya. Por ejemplo, si uno ha pasado por un divorcio difícil, frente a la dificultad de pareja de la persona que consulta, uno tiene la "posibilidad" de actuar o decidir cómo le hubiera gustado resolver las cosas y no lo ha logrado en la propia experiencia. Estas situaciones son invisibles para la conciencia, pero se "disparan" en "automático" frente al relato del otro. La confusión es mayor cuando –en nuestro afán de ayudar– nos **aliamos** inconscientemente con el consultante. Lo podemos graficar de la siguiente manera:

Las mujeres son quienes consultan con más frecuencia, a veces por dificultades personales o bien a causa de manifestaciones molestas en los niños. Es muy común que la "queja" esté centrada en el varón. Si el profesional "ve" con los mismos ojos que la consultante, ubicándose en el mismo "campo de juego", tendremos una vista parcial del "campo contrario". En ese "campo enfrentado" están situados el marido, los hijos, el empleador, los padres, en fin, todos aquellos que la consultante cree que son culpables de su malestar. Si desde el lugar profesional nos **identificamos**, es decir, si se disparó el "automático" por los motivos inconscientes que sean, probablemente la consultante se sienta muy feliz, porque consiguió alguien que le da la razón. Un **aliado** incondicional. Pero atención: **cuantos más aliados adquirimos, más fortalecimiento del propio campo y menos capacidad de comprender el todo.**

Las personas funcionamos así. Queremos tener razón. Queremos que alrededor nos apoyen y opinen lo mismo que nosotros. Y cuando buscamos alguna ayuda profesional, también nos gusta afianzar nuestras opiniones otorgándoles más valor gracias al criterio profesional que avala nuestro modo de pensar.

Si el profesional sólo toma en cuenta el relato novelesco que aporta el consultante, queda "pegado", "aliado" a los lugares de identidad conscientes, ubicándose en el mismo campo de quien consulta y obligando a los demás miembros de la red afectiva a traspasar la línea divisoria y ubicarse como "contrarios". A veces, los propios hijos se constituyen en "enemigos". Es muy frecuente que los padres y los profesionales hagan **alianzas inconscientes** y arrojen a los niños al "campo contrario", sin comprender la dinámica completa de "todo" el campo y, por consiguiente, sin comprender el síntoma aparente del niño en cuestión.

Por el contrario, si pretendemos mirar la totalidad de la dinámica afectiva, será necesario ubicarnos "fuera del campo". Desde allí observaremos al consultante, pero también al marido, a la familia, a los hijos, los suegros, el trabajo, los problemas y los acontecimientos dolorosos. Ese diseño de "campo completo" lo construiremos desde una perspectiva más distante. Así seremos **solidarios** con el conjunto de individuos que participan en la red vincular. Sólo así podremos operar **en beneficio de todos**.

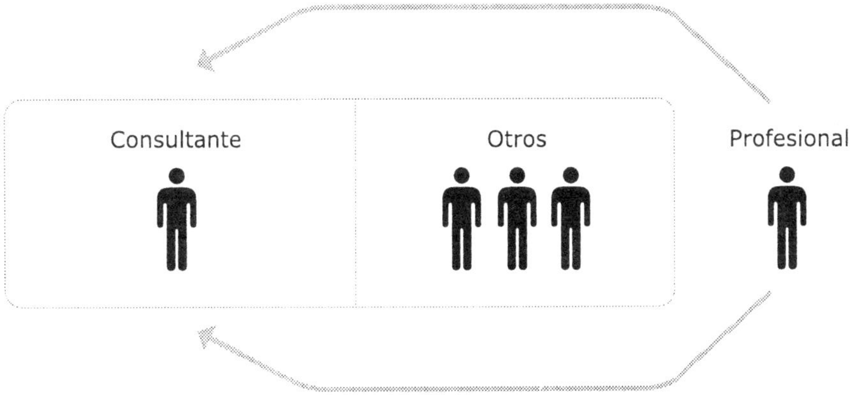

Concretamente, ¿cómo podemos resistir la tendencia a ingresar en el campo? ¿Cómo lograr una visión completa fuera del mapa?

En principio, es indispensable ayudar al consultante **a hablar en primera persona**: esto le permite acercarse a sus sentimientos, en lugar de aferrarse a sus opiniones. Todos tendemos a acusar al mundo externo, a los acontecimientos o a quienes nos rodean. Sugiero hacerle repetir al consultante lo que acaba de decir, pero expresado en primera persona del singular. Por ejemplo: "Mi marido es un sinvergüenza, siempre me miente. Me llama al salir de la oficina diciéndome que ya llega, pero en realidad aparece dos horas más tarde. A esa hora no lo necesito, los chicos ya se bañaron y están listos para dormir". Con ayuda y las manos en el corazón, tal vez arribemos a: "Me resulta terriblemente difícil estar con los niños sola todo el día. A partir de las seis de la tarde, no los aguanto más. Se pelean entre ellos, no me hacen caso. Quiero huir de mi casa. ¡Estoy tan sola!".

A medida que la consultante va entrenando su capacidad de hablar sobre lo que le pasa, le pediremos que imagine qué diría el otro (el marido, el hijo) si estuviera presente en la consulta, para acercar **ese otro punto de vista**. Por ejemplo, después de relatar qué mal se portó el hijo y qué caprichoso es, sugerirle que cuente la misma escena como si fuese el niño, a saber: "Cuando llegué a mi casa le pedí a mi mamá que jugara conmigo y me dijo que no tenía tiempo, después le pedí mirar televisión y me dijo que no, después quería ir a jugar a lo de mi vecino pero no me podía llevar porque estaba apurada. Después, me aburrí. Después, le pegué a mi hermana. No me gustan los fideos cuando tienen mucha manteca. Después, mi mamá me gritó...". A partir de estos "relatos en primera persona del singular" todos vamos ubicando los elementos del "mapa vincular".

Hemos sonreído internamente con las declaraciones del niño... imperceptiblemente nos hemos solidarizado con él también... porque tuvimos un acercamiento, a través del relato de la mamá que consulta porque el niño no tiene límites. Darle la razón sería fácil. Todas las revistas especializadas hablan de lo mismo. Personalmente, cada vez que me contratan en alguna institución escolar para dar algún seminario para padres, invariablemente, siempre, desde hace años, me piden que hable sobre los niños que no tienen límites. Es el tema favorito de los padres, de los docentes y de todos los "psi-algo". ¿Pero quién se atreve a traer la voz del niño con suficiente seriedad? Insisto en que sólo la "construcción" del "campo completo" con todos sus matices y con la participación de la voz de cada uno, nos puede aportar una visión suficientemente amplia como para operar a favor de todas las personas involucradas.

Veamos un ejemplo.

El Caso Paloma

Paloma pide una consulta para obtener recursos concretos para destetar a su hijo de un año y medio. El embarazo le dejó veinte kilos de sobrepeso. Siendo profesora de expresión corporal, está disgustada e incómoda con su cuerpo y necesita tomar una medicación, contraindicada durante la lactancia, para adelgazar. Paloma vive sola con su hijito, Darío, fruto de una pareja ocasional. Sergio, el padre biológico, es un hombre que no tiene casa, oficio, trabajo ni capacidad de efectivizar algún aporte económico. Vivió en casa de Paloma durante el embarazo, pero se separaron poco antes del nacimiento de Darío. Cuando Paloma me consulta por primera vez, ella "sostiene" el vínculo de su hijo con su padre, ya que Sergio va a dormir a su casa dos veces por semana para ver al niño. No lleva comida, ni pañales, ni le facilita nada a Paloma que trabaja y se arregla sola. Trazo el primer mapa:

Tratando de obtener más información sobre su biografía humana, me entero de que durante su infancia, Paloma fue abusada sexualmente por su padre, un hombre depresivo que permanecía el día entero en la casa mientras la madre trabajaba. El hermano nunca estaba. Paloma va transmitiendo poco a poco una poderosa sensación de encierro en una prisión violenta. El abuso duró hasta la adolescencia. Muchos años más tarde, en el marco de una terapia, Paloma pudo "recordar" y "nombrar con palabras" el abuso del que fue víctima. Trazo un segundo mapa referente a su infancia.

Desde la adolescencia, Paloma trabaja mucho y se hace cargo económicamente de sí misma y de sus padres. Este esquema continúa hasta el embarazo de Darío. Vive sola desde muy joven.

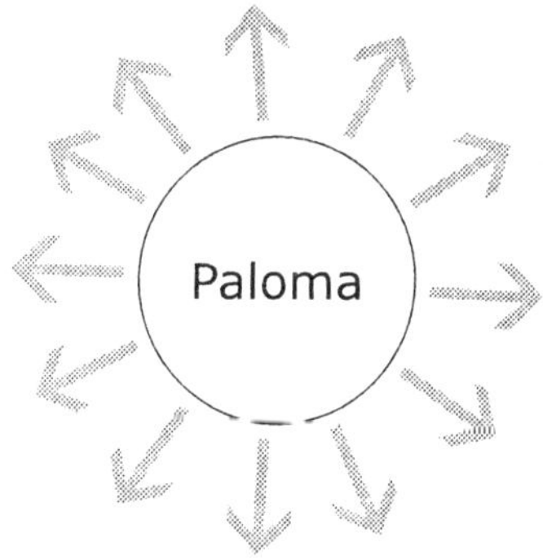

Así percibo la situación económica y afectiva de Paloma: sola, ocupándose de sí misma y de los demás, trabajando con mucho esfuerzo, manteniéndose sola con sus múltiples clases de expresión corporal.

Recordemos que su motivo de consulta tiene que ver con la necesidad de destetar a Darío. Un profesional **aliado** respondería rápidamente a la demanda "aparente" de Paloma, dejando a Darío en el campo contrario, es decir, sin leche materna:

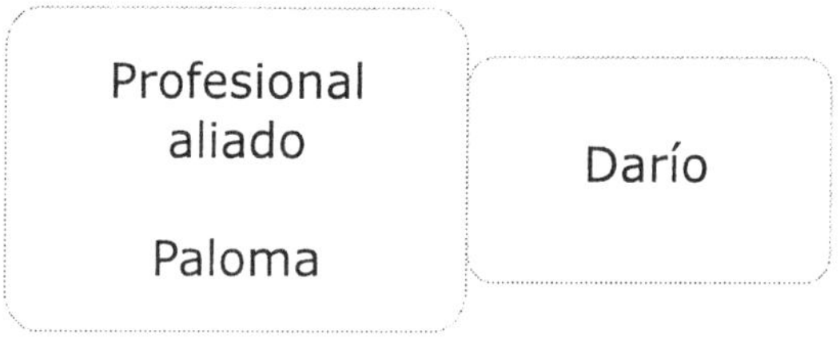

En cambio, un profesional **solidario**, está obligado a construir –sin distracciones anecdóticas– todo "el mapa". Ingresando en la biografía humana podrá ver con claridad el lugar de **soledad y falta de sostén** de Paloma. Y reconocerá que el "problema" no es Darío, con quien disfruta el placer de la lactancia y un vínculo estrecho de alegría y amor; ni el peso corporal en sí mismo –que le otorga el "sostén" necesario para hacerse cargo de tanta responsabilidad. Paloma merece revisar cómo ha construido sus vínculos, pensar si, dentro de su organización emocional, se imagina a sí misma pidiendo algo a alguien en este mundo.

El profesional muestra el mapa completo tal como es y constata el desequilibrio: en este caso es evidente que **falta algún sostén.** Aquí tenemos una primera hipótesis: buscaremos estrategias para que Paloma encuentre sostenes posibles, que le dulcifiquen su maternaje. Luego, podrá en total libertad decidir cómo y cuándo **desea realmente** destetar a su hijo. Y cómo perder peso cuando se saque "otros pesos de encima". En síntesis, ingresaremos al niño "en el mismo sector del campo", comprendiendo que reclama una mamá más "entera" espiritualmente. También es importante tener en cuenta que **dentro de la vivencia del abuso, "merecer" cuidado es inconcebible para la psique.** Pero la presencia de Darío puede generar en Paloma la necesidad de recibir ayuda por primera vez en su vida y reciclar su historia. De la siguiente manera:

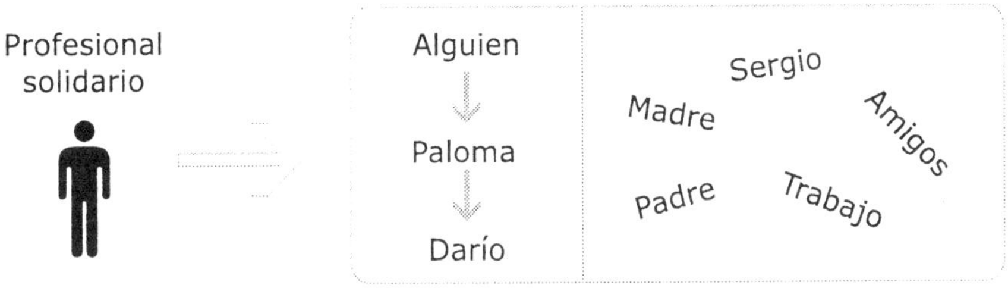

Desde afuera del "mapa" somos capaces de distinguir una dinámica completa. Sostener y facilitar el maternaje me parece primordial y no hay muchos profesionales que le dediquen especial atención a la especificidad de lo maternal. Quisiera que comparen este "mapa" con los anteriores de Paloma y se conecten con las sensaciones viscerales que les producen. Personalmente, se me ocurren muchos caminos alternativos favorables para el conjunto.

Para la mujer moderna, la Maternidad se convierte en un período de crisis, de cuestionamientos profundos, de dolor mezclado con alegría, pero, esencialmente, en un enfrentamiento con los **lugares femeninos** más arcaicos y desconocidos. Es tal la inundación de **energía femenina no organizada**, que se requiere un máximo de **energía femenina ordenada** para contenerla. Por eso, me parece indispensable que la maternidad como fenómeno psicofísico, sea asistida profesionalmente por **mujeres** capaces de comprender y ofrecer su propia energía femenina.

No es poca cosa pensar que la profesional que asiste a una mujer puérpera o con niños pequeños, **debe ser mujer**. Y sobre todo, una **mujer con sus propias cuestiones femeninas bien resueltas**. Porque en la medida que el panorama emocional nos resulte "conocido", podremos ayudar a cualquier mujer sin perder el rumbo. Por supuesto que **ser mujer no es garantía** en sí misma. Hay muchísimas mujeres profesionales tomadas por los arquetipos masculinos, que actúan con suficiente distancia emocional como para lastimar a la mujer en crisis. Es decir, tiene que ser **una mujer en un cuerpo de mujer**.

Una mujer que además utilice su **inteligencia femenina**, siendo capaz de saber lo que sabe su cuerpo y lo que sabe su mente al mismo tiempo. Las mujeres hemos evolucionado teniendo que concentrarnos en muchas tareas al mismo tiempo, interconectando los pensamientos, los deseos y las sensaciones. Eso también es sabiduría. Alguien hábil para aprovechar la **intuición**, que es la percepción directa de la realidad, por fuera del razonamiento convencional. La mayoría de las personas instruidas, perdemos ese modo de acceder al conocimiento alrededor de los siete años, glorificando sólo el pensamiento lógico en detrimento de otras formas del saber. Y fundamentalmente, me refiero a una mujer que pueda acompañar a otra en el restablecimiento de su propio equilibrio, generalmente devastado por el cuidado prodigado a los demás en desmedro de sí misma. Las mujeres profesionales debemos nutrir los pozos emocionales secos de las mujeres que han dado todo y que no comprenden por qué se quedaron solas.

Por eso, en un momento tan susceptible y transformador de la conciencia como es la Maternidad, las mujeres merecen una asistencia física y emocional extremadamente delicada, llena de ternura y de comprensión femenina. **La maternidad es cuestión de mujeres.**

Sé que resulta incómodo decir en voz alta que las mujeres tenemos que aprender más de nosotras mismas, aprender de nuestros cuerpos femeninos, explorar nuestros misterios. De lo contrario, seguiremos prisioneras de las interpretaciones masculinas más arcaicas.

Todavía me lleno de espanto cuando atiendo a mujeres maltrechas por la asistencia deshumanizada de profesionales varones, cuando se trata de cuestiones maternantes. Muchos médicos ginecólogos y obstetras se llevan los premios en materia de maltrato, ignorancia, soberbia, desprecio y humillación. Continúan produciéndome náuseas y dolores de panza los relatos de mujeres que con ingenuidad cuentan las barbaridades que algunos profesionales dictaminan sobre su salud, o los consejos sádicos y llenos de venganza que imponen en temas referidos a la educación de los niños. A veces es tan horrible lo que escucho, que espantada, me pregunto: ¿por qué las mujeres continuamos encandiladas y temerosas, moviéndonos bajo un manto de temor cuando la palabra del varón dictamina lo que sea? ¿Qué saben los varones, profundamente, sobre cuestiones tan misteriosas? ¿Por qué les hacemos caso?

Parece que las mujeres no hemos adquirido suficiente confianza en la sabiduría femenina. Sin embargo, a medida que las mujeres encontremos nuestro propio eje, nuestra manera personal de hacer las cosas, podremos luego buscar compañía en los varones, pero sin perder la esencia femenina. Por eso, no es extravagante estar atentas –cuando buscamos profesionales– a encontrar aquellas **mujeres profe-**

sionales dispuestas a trabajar a favor de las mujeres como un género a recuperar, antes que como profesionales-que-saben-más. Este es un desafío para toda profesional mujer, ya que esto no se aprende en ninguna universidad, sino que es un recorrido de búsqueda honesta, que necesita inteligencia y dedicación altruista.

La responsabilidad del profesional

Hemos dicho reiteradamente que las mujeres con niños pequeños consultan en momentos de gran fragilidad emocional. Por eso, la responsabilidad del profesional dispuesto a acompañar estos procesos vitales es inmensa, en el sentido de ser capaz de aprovechar al máximo la comprensión y la guía hacia el destino de cada individuo, incluso si la persona no tiene la más mínima idea de quién es en el fondo de su ser.

Todo profesional se convierte en un maestro, en el sentido más profundo del término, porque es quien ilumina el camino, de manera tal que la persona que consulta vea más y mejor. ¿Qué es lo que hay para ver? Sólo la chispa del propio ser esencial. Ver la totalidad de la matriz energética que es uno mismo y ser capaz de vivirla en su máxima expresión, comprendiendo que sólo integrando más y más todos los aspectos ocultos de "nosotros mismos", lograremos evolucionar. Y sobre todo, tendremos algo muy valioso para ofrecer al Universo, que es cumplir con nuestro destino.

Desde hace varios años doy clases en la Escuela de Capacitación de "Crianza". Son muchas las profesionales que se acercan con diversos intereses y muchas fantasías. Más de una vez me he sentido defraudada, ya que mis expectativas con respecto a cada una de las alumnas eran enormes y producto de mis proyecciones, que sin pedir permiso a nadie, reflejaba impunemente sobre cada una de ellas. Con el tiempo me fui acomodando y hoy en día me doy por satisfecha cuando –a veces– en un instante mágico percibo que logré encender una llamita –algo tenue, pero persistente– que esas personas guardan en el fondo de su ser. Algo que nace como inquietud, que luego es curiosidad, luego es dolor y, finalmente, se va convirtiendo en una misión impostergable. Cuando eso sucede, sin que medien palabras... siento que mi trabajo como guía está cumplido. Tal vez no hay mucho más para hacer que encender las llamas ajenas; luego cada individuo hará crecer su propio fuego interior.

En tanto profesionales es imprescindible ser nutritivos para el otro, desparramando amor allí donde reina el dolor y el sufrimiento, siendo creativos para transformar las viejas estructuras en otras más vitales y actualizadas. Y, sobre todo, trabajar la propia solidez emocional, de modo de no "necesitar" a los consultantes para dar sentido a la propia vida, sino que podamos expresar desde la madurez personal el talento profundo de acompañar e iluminar los laberintos oscuros del alma ajena.

En fin, me interesa transmitir estas reflexiones respecto a la calidad de los vínculos entre los adultos y los niños, el cuidado y la protección que merecen no sólo los seres humanos, sino la tierra en su conjunto, para que pensemos en nuestra capacidad amorosa y en nuestra contribución ecológica en su sentido más amplio. E imaginar juntos cómo podemos integrar nuestras múltiples capacidades afectivas para satisfacer las necesidades más sutiles de todo ser humano. Especialmente de las madres y los padres que asumen la responsabilidad de la crianza de los niños.

Esta edición se terminó de imprimir en
Noviembre de 2004, en Gráfica Laf s.r.l.,
Espinosa 2827- (C1416CFI) Cap. Fed.